O RISO DA MEDUSA

Hélène Cixous

O riso da Medusa

Tradução
Natália Guerellus e Raísa França Bastos

Prefácio
Frédéric Regard

Posfácio
Flavia Trocoli

© Editions Galilée, 2010
© desta edição, Bazar do Tempo, 2022

Título original: *Le rire de la Méduse*

Todos os direitos reservados e protegidos pela lei n. 9610, de 12.2.1998.
Proibida a reprodução total ou parcial sem a expressa anuência da editora.

Este livro foi revisado segundo o Acordo Ortográfico da Língua Portuguesa de 1990, em vigor no Brasil desde 2009.

Edição **Ana Cecilia Impellizieri Martins**
Assistente editorial **Clarice Goulart**
Tradução **Natália Guerellus e Raísa França Bastos**
Copidesque **Juliana de A. Rodrigues**
Revisão **Taís Bravo**
Projeto gráfico e capa **Violaine Cadinot**
Diagramação **Cumbuca Studio**
Produção gráfica **Marina Ambrasas**
Imagem p. 100 **Hélène Cixous, 1976. © Sophie Bassouls**

**AMBASSADE
DE FRANCE
AU BRÉSIL**
*Liberté
Égalité
Fraternité*

Cet ouvrage, publié dans le cadre du Programme d'Aide à la Publication année 2020 de l'Ambassade de France au Brésil, bénéficie du soutien du Ministère de l'Europe et des Affaires étrangères.

Este livro, publicado no âmbito do Programa de Apoio à Publicação ano 2020 da Embaixada da França no Brasil, contou com o apoio do Ministério francês da Europa e das Relações Exteriores.

2ª reimpressão, maio 2025

BAZAR DO TEMPO
PRODUÇÕES E EMPREENDIMENTOS CULTURAIS LTDA.

Rua General Dionísio, 53 – Humaitá
22271-050 – Rio de Janeiro – RJ
contato@bazardotempo.com.br
www.bazardotempo.com.br

SUMÁRIO

Prefácio *7*
AO!
Frédéric Regard

Apresentação *27*
Efeito de espinho rosa

O riso da Medusa *41*

Posfácio *83*
A que passa é o seu nome,
quer dizer Hélène Cixous
Flavia Trocoli

Referências bibliográficas *97*

Sobre Hélène Cixous *101*

Bibliografia de Hélène Cixous *103*

Sobre as tradutoras *109*

PREFÁCIO

AO!

O riso da Medusa foi publicado em 1975 em um número especial da revista *L'Arc*, dedicado a "Simone de Beauvoir e a luta das mulheres". Traduzido para o inglês alguns meses depois, na então recém-lançada revista norte-americana *Signs*, o texto logo se inscreveu na mitologia dos grandes ensaios feministas, nutrida em particular pelas inglesas Mary Wollstonecraft e Virginia Woolf (cujas ideias aparecem discretamente no manifesto). Se, por um lado, *O riso...* era um dos primeiros trabalhos de Hélène Cixous, por outro, não se tratava de um texto de uma desconhecida. A autora tinha então 38 anos, e seu nome já se impusera no campo intelectual universitário, político e literário francês. Antes de propor uma explicação sobre o que constitui a força deste texto, é preciso, portanto, trazer à memória o contexto no qual ele surgiu e do qual traz inevitavelmente a marca. Nascida em Orã, Argélia, Hélène Cixous chega à metrópole em 1955 para continuar seus estudos universitários. Ela descobre um país não somente atormentado pelos demônios de Vichy, mas que seria também, em breve, despedaçado pela guerra da Argélia, a independência de 1962, o êxodo dos *pieds-noirs*[1]. Uma primeira viagem aos Estados Unidos, no começo dos anos 1960, permitiu-lhe trabalhar com os manuscritos de James Joyce, que ela começara a estudar em sua pesquisa de doutorado. À época, Jacques Lacan pede que ela o inicie nos mistérios dessa poética, e Cixous estabelece também uma relação com Jacques Derrida, que está elaborando seus primeiros grandes livros. Uma vaga de professora-assistente na Sorbonne, em 1965, e, em seguida, de professora-titular em Nanterre, em 1967, e a coletânea de contos *Le prénom de Dieu* são os marcos iniciais de uma carreira que vai se acelerar a partir de então.

Durante a efervescência do ano de 1968, Cixous funda a revista *Poétique* com Gérard Genette e Tzvetan Todorov; Edgar Faure, então ministro da Educação, confia a ela a importante missão de imaginar, a título experimental, como poderia ser um outro tipo de universidade. Esta será a aventura, ao lado de Michel Foucault e de Gilles Deleuze, que dará vida à universidade de Vincennes (Paris 8), lugar em que se

---

1 *Pieds-noirs*, ou "pés pretos", em tradução literal, é o nome dado aos franceses que viviam na Argélia durante a colonização francesa e que foram obrigados a retornar à França depois da independência argelina, em 1962. (N.T.)

encontrarão os diferentes grupos chamados a compor o Movimento de Libertação das Mulheres (MLF). Paris 8 oferece a Cixous, que acabara de defender sua tese sobre Joyce, uma cátedra em Literatura Inglesa, e, ao mesmo passo, sua carreira literária segue de vento em popa quando o romance *Dedans* é coroado com o prêmio *Medicis* (1969). Seu engajamento político a leva, então, a trabalhar ao lado de Foucault no Grupo de Intervenção Prisional (GIP), ao qual ela propõe associar a diretora teatral Ariane Mnouchkine e o *Théâtre du Soleil.* Em 1974, Cixous cria o famoso DEA[2] de Estudos Femininos, pioneiro na Europa. *Portrait de Dora*, seu primeiro trabalho feito para o teatro, é lançado em 1975, um ano realmente fecundo, quando ocorre o encontro com Antoinette Fouque, organizadora da corrente "Psicanálise e Política" do MLF e fundadora das Éditions des Femmes. Estreia, então, a peça *Souffles* (1974), meditação poética sobre as paixões do corpo e da escrita. Ainda no mesmo ano, no livro *Prénoms de personne*, a autora propõe leituras de Freud, Hoffman, Kleist, Poe e Joyce.

Não era possível prever, a partir do que foi dito até agora, que essa intensa década, coroada pelas múltiplas conquistas do ano de 1975, consagraria o advento dos "estudos femininos" na França. *O riso da Medusa* reve-

---

2 Antigo Diplôme d'Études Approfondies, diploma de estudos aprofundados, que servia de preparação ao ingresso no doutorado, após o mestrado. (N.T.)

la-se também como um grito de fúria diante das fortes resistências que essas questões suscitavam (e ainda suscitam) na pátria de Descartes. Para além do Hexágono[3], o fenômeno dos estudos de gênero apenas engatinhava, embora alçado à categoria de disciplina autônoma em inúmeras universidades norte-americanas desde o final dos anos 1970. Aquelas intelectuais que mais tarde seriam designadas como as representantes de um *French Feminism*[4] não possuíam ainda a notoriedade internacional que conhecemos hoje.

O *Corpo lésbico* de Monique Wittig (1973) seria traduzido em 1975, mas o livro de Luce Irigaray, *Speculum de l'autre femme* (1974), não o seria antes de 1985. Julia Kristeva, por sua vez, estava ainda voltada para as análises cuja maior ambição era combinar psicanálise e linguística, e cujo impacto internacional permanecia limitado. Entre as norte-americanas, o grande livro de Kate Milliet, *Política sexual*, fizera sucesso desde 1970. Carolyn Heilbrun, com *Toward a Recognition of Androgyny* (1973), e Patricia Meyer Spacks, com *The Female Imagination* (1975), tinham

---

3 O nome "Hexágono" refere-se ao território francês continental, que teria uma forma hexagonal. (N.T.)

4 Os estudos feministas anglo-saxões tendem a definir como parte do *French Feminism* as seguintes autoras francesas: Simone de Beauvoir, Michèle Le Doeuff, Christine Delphy, Colette Guillaumin, Monique Wittig, Julia Kristeva, Luce Irigaray e Hélène Cixous. Ver: K. Oliver (ed.). *French Feminism Reader*. (N.T.)

igualmente ajudado a delimitar o campo. Sandra Gilbert e Susan Gubar publicariam sua obra fundadora dos estudos literários de gênero, *The Madwoman in the Attic*, somente em 1979.

Na realidade, desde o escândalo causado por *O segundo sexo*, de Simone de Beauvoir, lançado em 1949, o *pensamento* feminista não conhecera avanços mais significativos; sobretudo, não emergira ainda a discussão sobre a "diferença sexual". Se o texto de Cixous fez um sucesso fulminante de um lado e do outro do Atlântico, é porque articulava as aspirações ainda não formuladas de uma nova geração, ao mesmo tempo que fundava uma nova forma de conceber e de *escrever* a questão feminina. Texto político, texto teórico e texto poético ao mesmo tempo, *O riso...* não se contentava em exprimir uma ironia radical contra o patriarcado reinante; ele exigia, propunha e experimentava *um novo estilo do feminino*.

Texto político, para começar. *O riso da Medusa* pode ser entendido como um diálogo mais ou menos explícito, entusiasmado ou cúmplice com pensadores importantes, já pertencentes à posteridade (Freud, Mauss, Lacan) ou perfeitamente contemporâneos (Deleuze, Derrida, Foucault). Por mais necessária que seja essa leitura "filosófica", cuja ambição seria inscrever o texto dentro da cultura francesa de sua época, ela correria o risco de limitá-lo a um espaço restrito. Ora, o que, antes de tudo, caracteriza este ensaio é ele ser concebido como *manifesto*, quer dizer, como um texto voltado para uma realidade exterior objetiva, na qual ele busca tornar concretamente palpável a sua crítica. *O riso...* procura produzir efeitos "históricos", diz Cixous, por um lado, sobre um meio particular que percebemos ser constituído essencialmente de universitários, críticos, editores e escritores, denunciados de forma violenta como tantos outros agentes de um sistema falocêntrico, e, por outro lado, sobre uma audiência universal, constituída pelas mulheres (mas não apenas), chamadas a ensaiarem uma "escrita feminina". O famoso enunciado "Vamos *mostrar* a eles nossos sextos"[5], retomado de modo imediato e espontâneo pela célebre artista norte-americana Nancy Spero, pretende virar de pernas para o ar a ordem estabelecida, exibindo uma vontade propriamente carnavalesca de perturbar o código da boa moral. A questão fundamental assim colocada é a da *aceitabilidade* por todos os "novos velhacos" (expressão que remete à história de Suzana no livro bíblico de Daniel[6]) daquilo que Cixous nomeia "o continente

5 Cixous cria, nesta frase retirada do *O riso da Medusa*, um neologismo a partir da aglutinação das palavras "texto" e "sexo", associando sexo feminino e escrita textual. (N. T.)

6 No livro bíblico de Daniel, capítulo 13, conta-se a história de Suzana, mulher exemplar acusada de má conduta por dois velhos juízes que, na realidade, tinham sido rejeitados por ela. Daniel consegue provar a mentira e os dois anciãos são condenados à morte no lugar de Suzana. (N.T.)

negro"[7]. A fórmula, emprestada de Freud em referência à sexualidade feminina, designa aqui esta parte obscura abominada pelos campos sociais nos quais se exerce a dominação masculina, e também, de modo amplo, por toda "metrópole", instituindo-se ao centro de um espaço geopolítico centralizado e hierarquizado.

Pois não é de se menosprezar em *O riso da Medusa* o fato de prever, já em 1975, uma combinação entre os estudos de gênero e os estudos pós-coloniais, estabelecendo uma equivalência entre a "mulher" e a "África", na qual a figura do "harém" simboliza esta superposição de diversos tipos de "margem". Não que Cixous projete a questão da censura e das relações de poder a partir da sua própria identidade problemática, a de uma mulher judia argelina, filha de mãe judia alemã, notável no meio político e literário parisiense. Se ela se autoriza a dizer "nós" a partir de seu "eu", é porque entende compartilhar uma *arena democrática internacional*, onde

---

7 A expressão "continente negro", tal qual aqui utilizada, tem origem no livro *Through the Dark Continent*, publicado por J. R. Stanley em 1878, relato de uma expedição exploratória realizada pelo autor na África equatorial. Freud se apropria do termo, por sua vez, no livro *A questão da análise leiga*, de 1926. Na obra, Freud define a feminilidade e a vida sexual das mulheres como "continente negro" para a psicologia, no sentido de "pouco conhecido". Hélène Cixous, ao retomar o termo em seu ensaio, cria uma intertextualidade com Freud, usando, portanto, o termo como sinônimo de sexualidade feminina. É interessante mencionar que a expressão *continent noir* constitui igualmente uma importante definição utilizada por Luce Irigaray, em 1974, no livro *Speculum de l'autre femme*, para da mesma forma refletir sobre a sexualidade feminina. (N.T.)

não se toma a palavra somente em nome das feministas francesas, mas *em nome de todos os outros, todas as outras*, quer dizer, em nome de todos, mulheres e homens, a quem sempre se impôs, e em todos os lugares, em todas as línguas, "a regra do *Apartheid*". O mundo do qual o manifesto procura desestabilizar os pressupostos é, nesse sentido, um mundo cuja sexuação determina de modo definitivo estruturas de poder mais amplas: um mundo eminentemente político e, em consequência, baseado de maneira sistemática na oposição e na exclusão, sejam elas efetuadas em nome do sexo, da raça, da religião, da origem geográfica, da classe social, ou, ainda, das convenções, ou mesmo da beleza. Afirmar "Nós somos 'negras' *e* nós somos lindas", formulação dessa articulação do feminismo a partir de uma questão ética e estética muito mais ampla, e como tal inevitavelmente *destinada à translação internacional*, é transpor o "Eu sou negra mas eu sou linda" do *Cântico dos cânticos* em um outro dispositivo textual para que signifique *uma lei universal outra que aquela da divisão*. O princípio da contradição, sublinhado pelo "mas" concessivo do primeiro enunciado, é então abolido em benefício de uma exuberância que marca o "e" do segundo enunciado, conjunção de intensidade, produtora de oxímoro na aparência, de amplificação na realidade.

A obscenidade reivindicada por *O riso da Medusa*, protótipo de outros "textos com sexos de mulher", consiste, assim, em desmontar o teatro das oposições que estrutura todo tipo de palco, aquele do psicodrama nacional, certamente, mas também o de *toda representação*, ao centro da qual a interdição fundamental, o tabu por excelência, se focaliza sobre a presença *real* da "mulher", fator de dissolução de todas as linhas de troca, agente contaminador de todos os cordões sanitários, tanto locais quanto nacionais. Esta é a razão pela qual o manifesto concebe a si mesmo como *inaceitável*, esforçando-se em dar corpo ao escândalo, em *incorporar* "a mulher" no texto, o qual nunca encarnou tão bem a ideia de *corpus*. Rir "em corpos"[8], diz ela, o canto dos olhos apontando em direção a uma lacaneria[9]. Por isso a extrema teatralidade, a oralidade, as múltiplas vozes do ensaio, mas também seus bruscos desprendimentos de registro, em especial a insistente acidez do léxico, duas técnicas destinadas a histerizar o espaço social projetando uma imagem da feminilidade cuja presença não é "eufemizada" pelas leis da representação. O lado *unheimlich*, fantástico, e mesmo "gótico" do texto de Cixous se deve em grande parte

8 Em francês, existe uma homofonia entre a palavra *encore*, "novamente", outra vez, ainda, e as palavras *en corps*, "*em corpo*(-s)". A expressão é aqui utilizada por Frédéric Regard em alusão ao mesmo procedimento empregado por Hélène Cixous em seu texto, o que pode ser lido como uma referência ao *Seminário 20*, de Jacques Lacan, intitulado *Encore*, ou *Mais, ainda*, na tradução brasileira de M.D. Magno. (N.T.)

9 Há aqui um neologismo criado a partir da referência a Jacques Lacan. No texto original, a palavra em francês é *lacanerie*, sendo o sufixo *-rie* a evocação de uma ação ou do resultado de uma ação. Neste trecho, o autor afirma que Cixous faria uma referência a Lacan ao brincar com as palavras *encore/en corps*. (N.T.)

a essa potência transgressora e subversiva da "Medusa", nome codificado de uma criatura de identidade indefinida, ao mesmo tempo próxima e distante, surgida do centro do sistema para pregar atentados ao pudor, metralhando as torres de controle, eliminando os "policiais": escrita como ação direta, *performance* do terror.

Texto teórico, do mesmo modo, uma vez que *O riso...* enuncia os princípios que o motivam. O manifesto lança, assim, o famoso conceito de "escrita feminina", ou de escrita "com tinta branca"[10], expressões que, é preciso lembrar, Cixous nunca reserva exclusivamente ao sexo biológico do autor (*Sorties*, livro igualmente datado de 1975, cita, neste sentido, Shakespeare, Genet e Kleist). Uma vez que estas reflexões foram fonte de confusão, é preciso concordar com um sentido ao menos, lembrando que não pode haver definição para aquilo que permanece como um evento sempre a ponto de recomeçar: a escrita feminina designa um funcionamento através do qual vai se destacar uma economia significante que não joga o jogo da supressão, do corte. O projeto se pretende revolucionário, no plano semiológico, desta vez. O desafio é fazer da escrita o *corpus* de um corpo "não monarquizado", que não teme essa castração da qual a Górgona é o símbolo freudiano. Encadeia-se um

---

10 No ensaio de Cixous, a "tinta branca" é uma referência ao leite materno. (N.T.)

desregulamento dos sentidos, uma intensificação do sentido e dos sentidos, reorientando-se em direção a uma outra economia do gasto, estranha quanto a ela, ao que se deveria nomear o "utilitarismo" da dominação masculina: o feminino não termina, porque *ele não calcula* ("se desapropria sem calcular", diz ela).

O *corpus* é marcado, assim, pela potência da heterogeneidade e da erogeneidade, de uma *heterogeneidade*, gozo semiótico do "dom da alteridade", do movimento, do móvel, fluido e tantos outros traços que constituem a fórmula linguística de um "ritmo" do feminino. O ensinamento de Benveniste adquire, aqui, um dos seus prolongamentos mais inovadores. Pois o ritmo da escrita feminina se faz, segundo Cixous, como expressão de uma relação particular com a "mãe", significante que não é nunca nos textos da autora, ontem como hoje, apenas a metáfora de uma língua sem voz própria, falando sempre mais de uma língua, como dirá mais tarde Derrida, ou segundo "a integral dos equívocos", como dizia Lacan. Graças a este reencantamento da língua, tornar-se mais de uma, e neste caso, ao mesmo tempo sua mãe e seu filho, sua filha e sua irmã; é isto que opera a magia da escrita feminina, ponte de passagem, acelerador de partículas, turbilhão de identidades.

A reivindicação de uma escrita "com tinta branca" não deveria, portanto, se confundir com uma defesa do neutro, etimologicamente *ne-uter*, nem um nem outro, nem masculino nem feminino, nem ativo nem passivo, logo, fora do gênero e fora da voz. A escrita feminina afirma ser uma "outra bissexualidade", implementação não à moda freudiana, como indiferença sexual à espera da separação, mas – e tocamos aqui em um dos conceitos menos dominados pelos estudos de gênero – como "diferença sexual", quer dizer, como desejo do dois, diferenciação do um, dinamização ao infinito do mais de um, "incessante intercâmbio do um com o outro sujeito diferente". É, então, que a "potência feminina" leva consigo a sintaxe, a fim não mais de "criar *phallus*", como diz o texto de 1975, mas de "criar *philippines*", como dirá em texto posterior (*Philippines*, 2009)[11]. Prometeia[12]

11 Em 2009, Cixous escreveu *Philippines: prédelles*, em que comenta, entre outras coisas, o livro *Peter Ibbetson*, publicado em 1891 por George du Maurier (1834-1896). A personagem feminina que faz par com o narrador descreve-os como "duas amêndoas da mesma semente, estas filipinas", ou ainda, "duplo átomo da medula espinal – Filipinas!". O termo traz originalmente, portanto, um sentido de complementaridade de espíritos afins ou de almas gêmeas. Cixous o expande em seu livro para toda relação de complementaridade, seja amorosa, seja de amizade, irmandade, maternidade, "*philippine* é a amêndoa andrógina", diz ela. O termo aqui é retomado por Regard em um jogo de palavras, para argumentar que a potência feminina se daria, não em criar *phallus* (referência ao predomínio de um só sujeito, o homem), mas *philippines*, a complementaridade em todos os seus sentidos. (N.T.)

12 Regard faz referência ao mito grego de Prometeu, titã que teria roubado o fogo dos deuses e dado aos homens, garantindo sua superioridade frente aos outros animais. Regard utiliza propositadamente no feminino, criando um neologismo, que brinca ainda com o sentido do verbo *promettre* (prometer). (N.T.)

de tempos futuros, a escrita feminina "rouba"[13] a língua para fazê-la voar, diz Cixous, os sujeitos que aí se coreografam sem apagar a proposição, mas abrindo uma passagem, à maneira de um enunciado criador de presença carnal, logo, eucarística; mas eucarística invertida, pois o enunciado não se concebe mais como a repetição ritual de coisas ditas, absolutas, mas como "o movimento precursor" de coisas a dizer, inauditas.

Texto poético, consequentemente, no qual acabamos de perceber o estabelecimento de uma relação singular com o tempo. Como em Rimbaud, cuja carta, dita "carta do vidente", aparece aqui em ressonância; "atingir o desconhecido" exige que nos posicionemos em "greve do presente" e que nos tornemos "videntes". De modo mais específico, que nos *constituamos* videntes, o que não é concebível a não ser graças a uma operação poética, o novo preocupando-se menos em *prever* o futuro, na forma de um profetismo, enunciado como dono de uma voz superior, do que *dizer o que deve ser dito*, na forma de uma *benção materialista*. Em *O riso...*, os tempos verbais são o traço mais visível desta poética do futuro, desde a primeira linha: "Eu falarei da escrita feminina: *do que ela fará* ". As interjeições "escreva!" ou "é preciso" pontuam o texto, em seguida, com os imperativos que ampliam o ce-

13 A autora utiliza o verbo *voler*, que, em francês, significa "voar" ou "roubar". Cixous brinca com esta polissemia ao longo de todo o texto. (N.T.)

nário do que há a dizer a um conjunto de destinatárias invisíveis e silenciosas, anônimas e ausentes delas mesmas, uma vez que não se concebem a não ser no futuro, "magnetizadas" pela sua própria chegada: "É tempo de libertar a Nova da Antiga conhecendo-a, amando-a por escapar…".

Da mesma forma, a "Medusa" não é uma figura do passado, uma ressurgida banal, que seria necessário reenviar *ad patres* por meio de um ritual realizado, de modo eficaz, até o fim. Se a Medusa começa a rir, não é porque ela *ressurge* inscrevendo-se no mundo dos vivos sob a forma de uma morta-viva, mas porque ela *consegue* se escrever. Lição maior de *O riso*…: a escrita feminina é uma questão não de *ressurgidas*, mas de *recém-chegadas*. Não compreender essa anacronia constitutiva do "gótico" no texto de Cixous (pois o "gótico" é sempre a previsão do que falta chegar, a "contrafigura" previsível do sistema panóptico, dizia Foucault sobre Radcliffe) é, em si mesmo, cheio de apotrópicos, rir da cara da Medusa é proibir-se de ver e prever, sob a égide da arte, aquilo do que "o homem" teria sempre tido pavor. Ora, se o projeto é, de fato, algo a se dizer e a se esperar, ele não é, no entanto, utópico. O futuro chega e acontece; ou melhor, *ele é recém-chegado* e *ele acontecerá*, maná[14] expelido pelo

---

14 Segundo o livro bíblico do Êxodo (Ex 16,7-35), o maná é um alimento que teria sido dado por Deus aos hebreus no deserto, após a saída do Egito. (N.T.)

próprio texto, dado na boca pelo mistério próprio às letras. As "recém-chegadas" não são, assim, somente estes seres que, religando-se a seu "inconsciente" decodificado, terão inventado seu modo de inscrição no feminino. As "recém-chegadas" são também as letras do texto, essas letras que, escapando aos sistemas de controle, chegam ao texto do texto, a favor de uma disseminação da hermenêutica, pela qual cada palavra, cada letra, se "gotiza", se ensombra, se desdobra, se homonimiza, se hibridiza, se androginiza, e exige, ao final, menos uma hermenêutica do que uma hermética, uma ciência da decodificação.

"Sexto", palavra-aglutinada roubada das redondezas de Joyce, é o resultado imediatamente visível desses transplantes, graças aos quais um encontro impensável se configura. A quimera de elxs[15], outra aglutinação permitindo o decolar de espectros acorrentados, os "eles" e os "elas" de asas cortadas, seria um outro exemplo. Trata-se de uma poesia afetando o texto até em sua sintaxe, até em sua estrutura. Algumas frases, como "ela chega, a nova história", ou "À vida, ela não recusa nada", elevam o chegamento[16] ou o dativo à categoria

15 Regard faz aqui referência a um neologismo utilizado por Cixous. O neologismo consiste no pronome *illes*, resultado da fusão entre *ils*, pronome masculino, e *elles*, pronome feminino, que escolhemos traduzir por "elxs". (N.T.)

16 No original, *arrivance*, neologismo que acentua, pelo seu sufixo *-ance*, o fato de ser uma ação. Poderia ser igualmente traduzido, com relativa

dos primeiros princípios de um outro estilo de vida. O ensaio suscita, igualmente, o retorno de uma proposição para dar luz a uma outra. É o caso quando se diz da Medusa que "Ela é bela e ela ri", afirmação que traz implícito o eco diferenciado do Canto de Salomão, já reencantado mais acima: "Nós somos 'negras' *e* nós somos lindas". Um quiasmo espaçado que dobra o tecido sobre si mesmo, cruzando suas pontas, e que ele faz, então, frutificar.

Percebe-se o profundo erro daqueles que pensaram poder concluir um biologismo essencializante a partir de *O riso da Medusa*. Tristes leitores, na verdade, que não prestaram atenção ao "Who's there?" de Bernardo, declamado antes mesmo que fosse encenada a história de Hamlet. Perseus avançando em retaguarda, munidos de seus escudos tão polidos que refletem todas as armadilhas, incapazes de ver, ao chegar, o sexto de frente, ou seja, de ouvir o seu brado "quem está aí?", começando pela potência equívoca do "quem": "Nós, aquelas que estão sempre retornando, quem, doravante, se nós o afirmamos, poderia nos dizer não?". Não é nada fácil identificar aqui quem está de um lado e de outro da proibição, linha de demarcação que deveria, no entanto, fundar o essencialismo. O simples desafio da leitura nos ensina, assim, que é impossível sobre-

---

perda de sentido, por "chegada", mas optamos por criar um neologismo em português, respeitando a escolha da autora em sua língua. (N.T.)

voar uma frase como esta, que é preciso, para "roubá-la", ter percorrido cada passo de seus traços, ofegante, revolvido caminho, para, passando novamente sobre o cume da montanha, encontrar a chave, e enfrentar o que então acontece: às recém-chegadas que chegam, como ao seu próprio "devir", quer dizer, à sua própria "diferença sexual".

Amour Autre [*Amor Outro*], acaba por soprar o texto. A expressão é dada como um tesouro, o ouro da transmutação, *eureka*, terra prometida, suco da escrita. Pepita que sublinha ainda seu filão, a tipografia do texto: linha oca em antecipação, parágrafo alinhado sem travessão, fonte itálica, dois pontos, parágrafo posterior, sem entrelinhas. Bloco de texto no interior sem interior, descolado colado, suspenso. Como uma respiração. Mais, como um sopro de ar fresco, uma pequena e adorável falha do texto, que nos convida, como por autopunição, ao mais íntimo de suas diástoles e sístoles. No segredo de uma Medusa recolada. Auscultemos.

Não "o outro amor", lado oposto do normal, seu inverso, seu inferno. Mas *O Amor Outro*: Amor, primeiro, no começo e, logo em seguida, sem vírgula, sempre já lá, embreado pela ligação que exige a língua francesa, o epíteto descolado para retomar o começo, Outro. Maiúsculas por duas vezes, mas letras maiúsculas em dobro: AO. Vogais majestosas, sempre já duplicadas, e imediatamente italizadas, carregadas, magnetizadas, em direção ao seu devir: *AO*.

Letras como o começo dos tempos, não, *os começos*, sem antes nem depois, origens multiplicadas, coladas descoladas recoladas, sem corte: *AO*. Aí está: *AO!* Esta seria a injunção criptografada do texto: neste brasão de segredo desvendar a própria assinatura do riso da Medusa, o número da escrita feminina, seu objeto *AO*, as iniciais de uma relação infinita colocando em jogo o *Alfa* e o *Ômega* do amor que "ousa o outro", princípio de vida segundo o qual todo signo será conjugado sob o modelo de amêndoas gêmeas, para criar, não *phallus*, mas *philippines*. *Philippines*, do alemão *Vielliebchen*: escrever a fim de permitir o voo das letras do bem-amar.

Assim é o *Amour Autre*: veja como a letra *A* perde-se, rubra de se perder e de se reencontrar em uma história do *Au*[17], a favor de não sabemos qual transgênese, inclinando uma letra que não ouvimos mais traçar seu movimento no *O* do *Ou*. *L'Amour Autre* é o próprio amor, o amor inteiro, estendido em direção ao mesmo como em direção à sua diferença vindoura, a amança[18] de amar. *AO!* Assim, duas palavras lidas ao pé da letra podem elas somente nos dar a ideia da po-

---

17 *Au* é pronunciado como [o] em francês, o que explica a argumentação de Regard sobre a presença da letra A, letra que "se perde", que "não se ouve", quando se pronuncia a palavra *Autre*. (N.T.)

18 No original, *aimance*, um neologismo que acentua, pelo seu sufixo *-ance*, o fato de ser uma ação. Poderia ser traduzido por "gesto de amor", mas optamos pela criação de um neologismo. (N.T.)

tência "diferencial" do estilo do feminino, este estilo no qual tudo é rir ao escrever. Escrever-se.

Frédéric Regard

Professor de Literatura Inglesa na Universidade Paris IV-Sorbonne, organizou *Le rire de la Méduse: regards critiques*, coletânea de textos sobre o pensamento de Hélène Cixous.

APRESENTAÇÃO

EFEITO DE ESPINHO ROSA

Bastava, reza a lenda, que Medusa mostrasse todas as suas línguas para que os homens saíssem correndo: eles confundiam essas línguas com serpentes. Precisava vê-los fugir, tapando os ouvidos, com as pernas e também outras partes do corpo bambas, ofegantes, já sentindo a mordida. Eu até achava essa cena engraçada. Porém, mais tarde, o Homem voltava de costas e, de um golpe forte, com sua espada ereta, sem nem mesmo olhar o que fazia, cortava a cabeça dessa infeliz. Fim do mito.

No final, cansei-me dessas decapitações. Eu vira tantas delas, desde que comecei a pensar, aos três anos de idade, na Argélia, em meio a um mundo dilacerado, dilacerante, des-pensante. Ora, havia sempre uma guerra. Por causa de uma guerra, eu esperava. E pensava: "Depois da guerra, poderemos enfim render justiça à Medusa." Mas, logo após a Segunda Guerra Mundial, houve a Guerra da Argélia. A independência do povo, primeiro. Medusa e eu, nós ficamos esperando. Em 1962, comecei a escrever e a esperar que alguém se inclinasse sobre o corpo mutilado de Medusa e lhe devolvesse suas línguas vivas. Mas não, era Pai para todo lado e milhares de filhos furiosos ocupados a cercá-lo. No meio de todos, eu procurava minhas pares, mulheres com olhos e ouvidos na ponta da língua, e corpos que falassem e rissem. Não havia tantas assim pelo mundo. Com frequência, eu me queixava a meu amigo Jacques Derrida: onde estão elas? As potentes, as férteis, as alegres, as livres, a não ser minha mãe e algumas resistentes, essas belezas de vida que eu encontrava na literatura, raras e esplêndidas, não se encontravam em qualquer canto da realidade. E ele me dizia: se elas existem no texto, existirão na realidade, "um dia desses". "Um dia desses", quando é?

Em 1968, salvei do caos um barco, um tesouro, e inventei a universidade dos sonhos, no bosque encantado de Vincennes. Uma universidade com aberturas, passagens, alianças, transes, como seu modelo: as *Comedies*, de Shakespeare. Uma Universidade de uma Noite de Verão. Ali, podíamos brincar com as diferenças sexuais, ir além, ser lindas de morrer, reinar como nos sonhos. Porém. Mais uma vez, eu encontrava cadáveres de Medusa nos corredores. Em 1972, eu militava no GIP[19] com meu amigo Foucault. Foucault, não uma Follecault[20], naturalmente. Eu amava a humanidade. Eu amava meus amados. Eu amava a amizade das mulheres: é um jardim no qual as línguas soltas se banham em fontes e dividem seus segredos. E ali, quantas surpresas para mim, a filha de Ève Klein, parteira em Argel! Minhas amigas haviam sido tão maltratadas. Mais de uma língua havia sofrido algum corte, alguma excisão, as línguas agredidas se fechavam, tapavam com frequência seus órgãos com meias masculinas, ou melhor, com sapatos, coturnos. Fiquei apavorada. Voltemos à clínica viveiro de ontem: é lá em Argel que começa minha história de liberdade. Acompanho meu primeiro parto ao lado de minha mãe, tenho quatorze anos, digo "meu", pois quando servimos de apoio a uma mulher que está parindo, nós nascemos com ela, é uma alegria que sempre recomeça. É bonito, forte, alegre e, no minuto do nascimento, gritos e risos viram música. Eu não ia deixar que nos desapropriassem! Em 1968 eu tinha um parque e um

19 Groupe d'Information sur les Prisons [Grupo de informação sobre as prisões], movimento fundado por Michel Foucault em 1971, juntamente com outros e outras militantes e intelectuais, como Hélène Cixous, para dar voz e visibilidade à população carcerária e a seus discursos. (N.T.)

20 Hélène Cixous brinca aqui com a palavra *fou*, "louco" em francês, contida dentro do nome "*Foucault*". No feminino, *fou* vira *folle*, e seguindo essa lógica, Foucault viraria "Follecault". O sentido do jogo de palavras seria que não há uma mulher louca como Foucault dentro do movimento. (N.T.)

castelo em Vincennes. Faltava abrir, enfim, um espaço para o jardim dos prazeres. A ocasião – institucional – se apresenta, completamente por acaso, em 1974. *Eu agarro a oportunidade*, exercício legado por minha mãe Ève, que sempre soube *se agarrar* na hora certa, à beira da morte. E, então, crio o doutorado em estudos femininos em Paris 8. O primeiro da França, um exemplo de vanguarda na Europa. Convidei dezenas de pesquisadoras (historiadoras, críticas literárias, filósofas, psicanalistas, sociólogas, médicas, escritoras). Sobretudo mulheres, mas também não sem nenhum homem. Jacques Derrida não demorou a integrar a tripulação desse novo navio. Dentre todas essas mulheres eruditas, universitárias, mas sem abrigo enquanto mulheres, havia também Catherine Clément, que eu encontrara em 1970.

Eu dizia às amigas: é a nossa vez de rir. Nossa vez de escrever.[21]Escrever? – Sim. É a maneira mais íntima de investigar, a mais potente, a mais econômica, o suplemento mais mágico, o mais democrático. Papel, imaginação e decolar! Eu havia descoberto a maneira mais segura e mais universal de escapar quando era cativa da história, atrás das grades em Orã, aos três anos de idade.

---

21 No texto original, Hélène Cixous faz um jogo de equivalência sonora e poética entre o verbo *rire* e o verbo *écrire*, que ela escreve *éc-rire*, grifando a presença do primeiro dentro da segunda forma. Nesse sentido, há alegria e gozo na escrita. (N.T.)

Foi em 1974. Era o momento. Eu estava cansada de caminhar sozinha na literatura. O tempo me parecia terrivelmente longo. Eu tinha escrito muitos textos, ficções, ensaios, e começava a escrever para teatro. Mas havia à minha direita um sentimento de deserto. Em meus países cruzavam-se em abundância poetas adorados, filósofos melódicos, exploradores visionários e videntes. Mas me parecia que esperara durante séculos por um número igual de mulheres. Eu acreditava na predição de Rimbaud, naturalmente. Mas quando raios chegaria o futuro? É preciso ter testemunhas e sucessoras para abrir caminhos pelos ares. De fato, havia Akhmatova, Tsvetáieva, ou Djuna Barnes, algumas outras, Selma Lagerlöf ou Karen Blixen, mas eram exceções. Eu descobriria Clarice Lispector apenas em 1976.

Fiz inúmeras propostas de aliança. Em 1972, por exemplo, fui falar com Ariane Mnouchkine, para convidá-la a juntar a força do teatro à ação, contra a situação das prisões na França. Em 1974, durante uma conversa com Catherine Clément, pensamos em criar, com nosso amigo Christian Bourgois, uma coleção chamada Feminino Futuro. Dito e feito. Tudo acontece rapidamente quando estamos em meio à magia da linguagem infantil: "eu serei um pássaro", digo e logo sou. Eficácia mágica do idioma: a ficção se torna realidade. "Agora as mulheres vão escrever", e o resultado: elas escrevem. E o futuro está no presente.

Brincamos de criar a *La jeune née*[22] em poucas semanas. Para Catherine Clément, isso se fez "nadando em uma água límpida. Sem sombra". Este pequeno livro teve então um grande impacto na França. E depois ele deixou este palco. E viajou. Eu o intitulei: *La jeune née. Sorties*. E o eco impetuoso de minhas *Sorties: O riso da Medusa*. Divertida *história de publicação* que falta ser escrita. Quer dizer, "divertida", ou não. Traquinagens, ironias do destino. Foi graças a essas aventuras que cruzou meu caminho Annie Leclerc, que chamei para escrever ao meu lado o segundo volume da série Feminino Futuro. O entusiasmo com que ela se juntou a mim nunca se esgotou. Tudo isso acontece no presente. A nota musical e sorridente ainda ressoa.

Voltemos ao fantasma de *O riso da Medusa*. Ele não se esconde, este riso. Ele fala do divertimento em suas múltiplas nuances, cheio de ironias, hilaridades, raivas, escárnios de mim mesma e de você, a erupção, a saída, o excesso, estou com a cabeça cheia disso tudo, com a cabeça cheia de línguas. De saco cheio. E eu não cubro minha boca com a mão para esconder a gargalhada.

---

22 Ensaio escrito por Hélène Cixous e Catherine Clément, com desenhos de Mechtilt, e publicado em 1º de janeiro de 1975, na coleção 10-18, série *femme-futur*. Na primeira parte, Clément discute mitos e representações atribuídos às mulheres ao longo do tempo, como o da bruxa/feiticeira e o da histérica. A segunda parte é escrita por Cixous e intitula-se *Sorties*. Aqui, Cixous já procura de certo modo uma saída à questão da diferença, através da escrita, o que será retomado em *O riso*. (N.T.)

Chega!

Gritei.

Gritamos uma vez.

Eu já havia escrito muito. Textos livres, textos para além, audaciosos, sem data. Eu ainda chego a gritar, mas não em literatura. Só se grita uma vez em literatura. Eu gritei. Vamos. Esta é a hora. Marquei uma época. Por uma vez. Por cálculo? Não. Era o momento. Uma urgência. Um deslocamento. O grito que surge da articulação dos tempos. É preciso gritá-lo por escrito. Imprimir o riso.

Em literatura, já existe o que ainda não existe na realidade. É por isso que eu convido à escrita.

O riso, e *outras sorties*, é um chamado. Uma chamada telefônica ao mundo.[23] Disseram dele: um manifesto.

Um chamado? Será que eu achava que me ouviriam? Ou, pelo contrário, será que eu duvidava e teria gritado à maneira de Rilke, que não fora ouvido nem mesmo pelos anjos?

Acho que eu achava que me ouviriam.

Era uma bela época, também. Bem perto, Jacques Derrida trabalhava pela desconstrução, desfazia com paciência, implacável, as grades. Tudo estava em movimento. Eu ainda não conhecia o movimento das mulheres de Antoinette Fouque, mas esta cena

23 "Chamado" e "chamada" se dizem *appel* em francês. (N.T.)

já existia, e os efeitos de seu sopro e de sua respiração já se faziam sentir. Durante os anos 1970, 1971, 1972 etc., eu ia com frequência aos Estados Unidos e ao Canadá, onde as mulheres se levantavam em massa. Eu ensinava o *vivo* revolucionário da filosofia de Derrida, os conceitos de meu amigo Jacques Lacan, e defendia a psicanálise freudiana contra a rejeição das feministas do continente norte-americano, cuja ideologia funcionava, nos anos 1970, por oposições e exclusões – de tal maneira que Freud, por ter sido homem, deveria ser banido. Eu estava do lado de Tirésias, a favor do ser de mais de uma sexualidade. Mas a agitação era benéfica. O sentimento de que não se pode progredir só, nem gozar só – chamemo-lo de *Responsabilidade* – me assombrava. A necessidade de testemunhar e de ter testemunhas, é a necessidade em si: chamar já é ser atendido.

Fiz uma chamada em nome de Medusa. E não é que me responderam? Mas não da maneira, no momento e nem no lugar em que eu esperava. Na França, *O riso...* e *La Jeune Née* foram livros. Em qualquer outro lugar do mundo, são atos. Que surpresa! Apenas traduzida em inglês americano, eis que minha Medusa se vai. E que viagem! Sem fim, sem idade. E, poderia também dizer, sem mim. Enquanto escrito performativo sobre a independência, esse, de fato, funcionou. A Medusa foi muito mais rápido, mais longe, mais forte que meus textos de ficção e que, mais tarde, meu teatro. Fiquei francamente irritada. Essa menina coroada de línguas – e de *anglaises*[24] (como diziam quando eu era pequena) – me ultrapassou durante décadas. Ela me pregou uma peça: eu, que pensava tê-la inventado, libertada do mito, me encontrava presa em seus laços: virei a autora de *O riso da Medusa*, para o universo, ou seja, seu pai, ou sua criada! Em qualquer lugar que eu vá, que eu olhe com atenção, lá está ela: do Japão à Turquia, do Irã à Guatemala, da Argentina à Malásia, do Líbano à Coreia.Coloquem-se no meu lugar: uma menina feita às pressas que te ultrapassa e te deixa para trás!

Bom. Vou esquecê-la.

Aliás, o livro na França já se esgotou faz tempo. E nunca pensei em republicá-lo.

E, também, deixe ela viver sua vida no exterior, minha estrangeira. Ela me traiu ao me tornar famosa *em inglês*, portanto, naturalmente, com algumas plumas e línguas perdidas com a tradução.

Vamos parar de pensar nela.

Mesmo assim, às vezes fico chateada de ver que o *vol*[25], do qual eu tanto gosto, sobretudo graças à ho-

---

24 A palavra *anglaises*, literalmente "ingleses", refere-se a um tipo de penteado em que se modelam cachos artificiais bem regulares, em espirais amplas, em cabelos longos. O termo faz alusão também ao grande sucesso que o texto alcançou após sua tradução para a língua inglesa. (N.T.)

25 *Vol* é, ao mesmo tempo, o "voo" e o "roubo", assim como o verbo *voler* quer dizer "voar" e "roubar". Cixous se refere aqui a um trecho específico de *O riso da Medusa*. (N.T.)

monímia da qual ele usufrui em francês, acaba sendo somente um meio-*vol* em inglês, a tradução apagando a indecisão. É como se minha Medusa só voasse com uma asa, ela que possui tantas. Eis que a tradução nos roubou um *vol*. Enfim, passemos a outra coisa. Já me esqueci.

Até que.

E, também, eu não sou *autora de manifestos*. Ouviram bem? Eu escrevo. Sou uma pessoa silenciosa, retirada.

Até que, um dia.

Depois outro. E outros. Pessoas amigáveis e curiosas, amigas de Medusa-em-inglês, sentiram vontade de conhecer "a original", o bicho estranho que nasceu, mostrando todas as línguas, *do francês*. Então me ligam, pedem para conhecê-la, e mais de uma vez. Eu digo: não, não, não conheço. Em seguida é a vez de livrarias amigas. Por último: a livraria Tschann. É que alguns visitantes procuram ouvir a primeira voz de Medusa.

Eis que ela volta depois de ter dado a volta no mundo, a pródiga.

– O que você sente ao aceitar vê-la voltar ao francês, aquela que saiu, me pergunta Eric Prenowitz, um dos meus amigos, pesquisador, tradutor, professor em uma universidade inglesa, onde ele ensina esses textos *em inglês*, presa das convulsões das re-traduções. (Pois esqueci de dizer que essas danadas estão no programa canônico das universidades do mundo inteiro, e quase sempre em inglês, ou em traduções *a partir do inglês!*)

– Um efeito de espinho rosa, respondo. Assim como as flores que mostramos hoje ao narrador de *Em busca do tempo perdido* só são flores verdadeiras à medida em que trazem consigo o espinho rosa situado na profundeza do passado, em um lugar pelo qual ele entra imediatamente em comunicação com seu coração, da mesma forma, esse riso antigo e ainda jovem, que nascia da raiva e da impaciência, misturadas a uma angústia para sempre inseparável de mim, eu não poderia não o reconhecer.

Hoje eu fui picada pelo espinho Medusa. E, todavia, porque há algo de individual nos textos, não posso desejar ver retornar uma Medusa mais comportada ou mais bela do que minha espinhosa, não mais do que "eu não teria desejado que viesse me dizer boa noite uma mãe mais bela e mais inteligente do que a minha"[26]. E, outra coisa, em francês, a regressada retomará seu voo, o outro, o que lhe foi roubado quando traduzida para o inglês.

Logo após ter escrito estas linhas, no verão que já se amarelava, eu tive o *Rêve des chevaux roses volants*. "Sim, eu me dizia, viajaremos para viver uma aventura de amor, meu bem-amado e eu. Resplandeço de

---

26 Traduzimos aqui a citação que Cixous faz de Proust, *Em busca do tempo perdido: no caminho de Swann*, 1946, p. 249. (N.T.)

alegria, ele é interiormente culto. Deixo-o esperando meia hora enquanto exploro os *bâtiments* [edifícios], assim como as palavras, a palavra *bâti*, a palavra *ment*.[27] Depois é ele quem se atrasa, o bem-amado. Tempo e espaço vacilam. Será que ele se sentiu ofendido? Quando o encontro, está tirando fotos de perspectivas diferentes de um horizonte encantador. Aconselho-o insistentemente para que me siga nos andares mais acima, de onde a vista é extraordinária. Chegando às alturas, um espetáculo inédito me ofusca. Ele diz: cavalos rosa. Os cavalos de Medusa. Naquele momento, não vejo que esse voo, que pinta com um rastro rosa a travessia do céu, são cavalos. Depois eu vejo: o fluxo vivo, potente, comandado, deslumbrante, de centenas de cavalos voadores. Percebo que eles soltaram suas crinas como barbatanas aéreas. Movimentam o ar com suas penas murmurantes. São animais terrestres, mas, na *exaltação*, respiram fundo e se jogam nos ares, seus corpos alazões chamados de rosa, são de uma beleza estupenda. Como eles voam, por um instante, perto da janela, eu os vejo bem de perto, eles abocanham o ar, enchem seus belos peitorais e mergulham mais uma vez no ar. Eu nunca tinha visto nada tão deslumbrante e gracioso. O movimento seguia este traçado:

27 Aqui, Cixous separa a palavra *bâtiment* em duas palavras que, em francês, têm sentidos independentes: *bâti*, do verbo *bâtir*, "construir", significaria "construído"; *ment*, que é aqui sufixo, também é homófono de *ment*, "mente" (terceira pessoa do verbo mentir). (N.T.)

A natureza toda é inaudita. Eu estava nos céus.

– O título é incrível, disse aquela que Jacques Derrida chamou de "vanguardiã" de meus papéis depositados na BNF[28]. Foi você que encontrou esse título, *La jeune née*? – perguntou Marie-Odile Germain. – Não. Foi Medusa que me deu. A Musa da literatura. Uma *queer*. Outros dizem a *queen* das *queers*. A literatura como tal é *queer*. Digo eu. Extranatural, diz o narrador. Tão bela Cibele coroada por quatro truques de mágica. Seu rosto desvia: mais uma reviravolta de beleza. Seu rosto volta-se para trás: surge uma nova torre.[29]

Ela retira sua coroa, senta-se, rosa, e então: qual é a situação das mulheres de hoje? digo eu. – Em 2003, eu nasci e vivi na Coreia, chegávamos em 1970, disse a mulher coroada. Logo em seguida, foram as latinas que me chamaram e, nos últimos dias, tenho vivido

---

28 Biblioteca Nacional da França. (N.T.)

29 Cixous constrói neste trecho um discurso poético a partir da homofonia da palavra *tour*, e sua polissemia: "Tão bela Cibele coroada por quatro *tours* [truques] de mágica. Seu rosto se *détourne* [desvia]: mais um *tour* [reviravolta] de beleza. Seu rosto *se retourne* [volta-se para trás]: surge uma nova *tour* [torre]". (N.T.)

na Califórnia. É a hora da Medusa entre as Américas. Eu não paro de galopar nos ares da Ásia. E na França, como tem sido? – Temo que você tenha que voltar a voar em frente à minha janela, digo eu. Nos últimos tempos, o ar tem estado cheio de algas, sufocamos e quase não rimos mais.

H.C., 2010.

O RISO DA MEDUSA

Eu falarei da escrita feminina: *do que ela fará*. É preciso que a mulher se escreva: que a mulher escreva sobre a mulher, e que faça as mulheres virem à escrita, da qual elas foram afastadas tão violentamente quanto o foram de seus corpos; pelas mesmas razões, pela mesma lei, com o mesmo objetivo mortal. É preciso que a mulher se coloque no texto – como no mundo, e na história –, por seu próprio movimento.

Não é mais possível que o passado faça o futuro. Eu não nego que os efeitos do passado ainda estejam aqui. Mas eu me recuso a consolidá-los, repetindo-os; concedendo a eles uma inamovibilidade equivalente a um destino; confundindo o biológico e o cultural. É urgente antecipar.

Essas reflexões, uma vez que avançam num território a ponto de serem descobertas, carregam necessariamente a marca do entretempo em que vivemos, quando o novo surge do antigo, e, com maior precisão, a nova[30] do antigo. Por esse motivo, como não há lugar de onde estabelecer um discurso, mas um solo milenar e árido a fissurar, o que eu digo tem ao menos duas faces e dois destinos: destruir, quebrar; prever o imprevisto, projetar. Escrevo isso enquanto mulher, para as mulheres. Quando digo "a mulher", eu falo da mulher em sua luta inevitável com o homem convencional; e de uma mulher-sujeito universal, que deve levar a mulher a realizar-se em seu(s) sentido(s) e em sua história. Mas é preciso dizer, antes de tudo, que não há, ainda hoje, e apesar da enormidade do recalque[31] que as manteve nessa "escuridão" – que se tenta fazê-las reconhecer como atributo seu –, uma mulher genérica, uma mulher tipo. O que elas têm *em comum*, eu o direi. Mas o que me impressiona é a infinita riqueza de suas constituições singulares: não se pode falar de *uma* sexualidade feminina, uniforme, homogênea, de percurso codificável, não mais do que de um inconsciente similar. O imaginário das mulheres é inesgotável, como a música, a pintura, a escrita: sua cascata de fantasmas é incrível. Eu, mais

---

30 A palavra utilizada por Cixous no original, *nouvelle*, tem duas traduções possíveis em português, neste caso: "nova" ou "novidade". Escolhemos a primeira porque cria um eco com a palavras masculina "novo". (N.T.)

31 Hélène Cixous utiliza várias vezes ao longo do texto, as palavras *refoulement, refoulé, refoulée*, fazendo referência ao conceito freudiano *die Verdrängung*, usualmente traduzido para o português como "recalque". (N.T.)

de uma vez, fiquei maravilhada com o que uma mulher descrevia de um mundo seu, que ela assombrava em segredo desde sua mais tenra infância. Mundo de busca, de elaboração de um saber, a partir de uma experimentação sistemática do funcionamento do corpo, de uma interrogação precisa e apaixonada de sua erogeneidade. Essa prática, de uma riqueza inventiva extraordinária, em particular a masturbação, se prolonga ou é acompanhada de uma produção de *formas*, de uma verdadeira atividade estética, cada momento de gozo inscrevendo uma visão sonora, uma *composição*, algo belo. A beleza não será mais proibida. Assim, eu gostaria que ela escrevesse e proclamasse esse império único. Para que outras mulheres, outras soberanas inconfessas, possam exclamar então: eu também transbordo, meus desejos inventaram novos desejos, meu corpo conhece cantos extraordinários, eu também, tantas vezes, me senti plena de torrentes luminosas a ponto de explodir, de formas muito mais belas do que aquelas que, emolduradas, se vendem por migalhas. E eu também nada disse, nada mostrei; não abri a boca, não pintei com novas cores minha metade do mundo. Tive vergonha. Tive medo e engoli minha vergonha e meu medo. Eu dizia a mim mesma: você está louca! O que são esses ardores, essas inundações, esses calores? Qual é a mulher efervescente e infinita que, imersa como ela estava na sua ingenuidade, mantida no obscurantismo e no menosprezo dela mesma pela grande mão parental-conjugal-falogocêntrica, *não sentiu vergonha de sua potência?* Qual é a mulher que, surpresa e horrorizada pela balbúrdia fantástica de suas pulsões (já que a fizeram acreditar que uma mulher bem equilibrada, normal, é de uma calma... divina), não se acusou de ser monstruosa? Qual é a mulher que, sentindo agitar em si uma estranha vontade (de cantar, de escrever, de proferir, enfim, de pôr para fora coisas novas), não pensou estar doente? Ora, sua doença vergonhosa é o fato dela resistir à morte, é o fato dela causar tanta dor de cabeça. E por que você não escreve? Escreva! A escrita é para você, você é para você, seu corpo lhe pertence, tome posse dele. Eu sei por que você não escreveu. (E por que eu não escrevi antes dos meus 27 anos). Porque a escrita é, ao mesmo tempo, algo elevado demais, grande demais para você, está reservada aos grandes, quer dizer, aos "grandes homens"; é "besteira". Aliás, você chegou a escrever um pouco, mas escondido. E não era bom, porque era escondido, e você se punia por escrever, você não ia até o fim; ou porque, escrevendo, irresistivelmente, assim como nos masturbávamos escondido, não era para ir além, mas apenas para atenuar um pouco a tensão, somente o necessário para que o excesso parasse de nos atormentar. E, então, assim que gozamos, nos apressamos em nos culpar – para que nos perdoem –, ou em esquecer, em enterrar, até a próxima vez.

Escreva, que ninguém a segure, que nada a impeça: nem homem, nem a máquina imbecil capitalista em que as editoras são os astuciosos e servis recintos dos imperativos de uma economia que funciona contra nós e nas nossas costas; nem você mesma.

Os verdadeiros textos de mulheres, textos com sexos de mulheres, não lhes agradam; os amedrontam; os repugnam. É só ver a careta dos leitores, dos organizadores de coleções editoriais e dos grandes patrões.

Eu escrevo mulher: é preciso que a mulher escreva a mulher. E o homem o homem. Encontra-se, então, aqui, apenas uma oblíqua referência ao homem; a quem cabe dizer o que significa para ele sua masculinidade e sua feminilidade: algo que nos interessará, quando eles terão aberto os olhos para enxergar a si próprios.[32] Elas agora estão retornando de bem longe: de sempre: do "fora", dos pântanos onde as bruxas são mantidas em vida; de baixo, de além da "cultura"; *de suas infâncias*, que eles têm tanta dificuldade em as fa-

---

32 Os homens ainda têm tudo a dizer sobre sua sexualidade, e tudo a escrever. Porque o que já foi dito, em sua maioria, depende da oposição atividade/passividade da relação de força através da qual ele fantasia uma virilidade obrigatória, invasiva, colonizadora, sendo a mulher, então, fantasiada como "continente negro", a ser penetrado e "pacificado" (sabemos o que o pacificar quer dizer em termos de operação escotomizante do outro e ignorância sobre si próprio). Ao conquistar, logo afastamo-nos das nossas fronteiras, nos perdemos de vista e de corpo. A maneira que o homem tem de sair de si mesmo nesta que ele toma não por outro, mas por sua, o priva, e ele sabe, de seu próprio território corporal. Ao confundir-se com seu pênis, e correndo para o ataque, compreendemos que ele tenha o ressentimento e o temor de ser "comido" pela mulher, de estar nela perdido, absorvido ou sozinho.

zer esquecer, que eles condenam ao *in pace*. Que sejam emparedadas as meninas de corpos "mal-educados". Conservadas, intactas delas mesmas, no gelo. Frigidificadas. Mas quanto movimento lá embaixo! Quanto esforço é preciso que eles façam – os policiais do sexo, sempre a recomeçar –, para barrar seu ameaçador retorno. Foi um tal desdobramento de forças de um lado e do outro, que a luta se imobilizou por séculos no equilíbrio trêmulo de um ponto morto.

*

E olhem quem está de volta, aquelas que estão sempre retornando: porque o inconsciente é indomável. Elas andaram em círculos no estreito quarto de bonecas onde as trancaram; onde lhes deram uma educação descerebrante, assassina. Pode-se, de fato, encarcerar, retardar, conseguir, durante um longo período, impor a regra do *apartheid*, mas somente por um tempo. Pode-se ensinar-lhes, assim que começam a falar, ao mesmo tempo que aprendem seus nomes, que sua região é negra: porque você é África, você é negra. Teu continente é negro[33]. A escuridão é perigosa. Na escuridão você não vê nada, você tem medo. Não se mova porque você pode cair. Sobretudo, não entre na floresta. O horror à escuridão, nós o interiorizamos.

33 Sobre a expressão "continente negro", ver nota 7 desta edição. (N.T.)

Contra as mulheres eles cometeram o maior dos crimes: eles as levaram, insidiosamente, violentamente, a odiarem as mulheres, a serem suas próprias inimigas, a mobilizarem sua imensa potência contra elas mesmas, a serem as executoras da obra viril deles.

Criaram para elas um antinarcisismo! Um narcisismo que não se ama, a não ser fazendo-se amar por aquilo que não se tem! Eles fabricaram a lógica infame do antiamor.

Nós, as precoces, nós, as rechaçadas da cultura, nossas belas bocas bloqueadas por mordaças, pólen, fôlego cortado, nós, os labirintos, as escadas, os espaços pisoteados; as revoadas – nós somos "negras" *e* nós somos lindas.

Tempestuosas, aquilo que é nosso se desprende de nós sem que temamos nos enfraquecer: nossos olhares se vão, nossos sorrisos escapam, os risos de todas as nossas bocas, nosso sangue escorre e nós nos derramamos sem nos esgotar, nossos pensamentos, nossos sinais, nossos escritos, nós não os guardamos e não tememos que nada falte.

Felizes somos nós, as omissas, as apartadas do palco das heranças, nós nos inspiramos, e nós nos expiramos sem ficarmos ofegantes, estamos em todo lugar!

Nós, aquelas que estão sempre retornando, quem, doravante, se nós o afirmamos, poderia nos dizer não?

É tempo de libertar a Nova da Antiga conhecendo-a, amando-a por escapar, por superar a Antiga sem tardar, indo à frente do que a Nova Mulher será, como a flecha se afasta da corda, num só movimento, aproximando e separando musicalmente as ondas, a fim de ser *mais do que ela mesma*.

Eu digo que é preciso: uma vez que não houve ainda, a não ser algumas raras exceções, uma escrita que inscreva a feminilidade. Exceções tão raras que não se pode, percorrendo a literatura através de tempos, línguas e culturas[34], voltar a si mesma sem se assustar com essa busca quase vã: sabe-se que a quantidade de mulheres escritoras (apesar de ter aumentado lentamente a partir do século XIX) sempre foi irrisória. Esse é um conhecimento inútil e ilusório se, dessa espécie de escreventes, não se deduzir, primeiro, a imensa maioria cuja feitura não se distingue em nada da escrita masculina, e que, ou oculta a mulher, ou reproduz representações clássicas relativas a ela (sensível-intuitiva-sonhadora etc.).[35]

---

34 Falo aqui somente do lugar "reservado" à mulher pelo mundo ocidental.

35 Ora, *quais* são as escritas que se poderia chamar "femininas"? Eu não farei mais do que dar exemplos: seria preciso produzir leituras que façam surgir, em suas significâncias, aquilo que se dissemina como feminilidade. O que farei em outro lugar. Na França (notamos a nossa infinita pobreza nesse campo? Os países anglo-saxões tiveram recursos claramente mais consideráveis), para percorrer o que o século XX até agora [1974] permitiu que fosse escrito, e é bem pouco, não vi se inscrever a feminilidade a não ser em Colette, Marguerite Duras e... Jean Genet.

Abro aqui um parêntese: afirmo, sim, a existência de uma escrita masculina. Eu defendo, sem equívoco, que existem escritas *marcadas*; que a escrita foi, até agora, e de maneira bem mais extensa, repressiva, mais do que supomos ou confessamos, administrada por uma economia libidinal e cultural – logo, política, tipicamente masculina –, lugar no qual se reproduziu de modo mais ou menos consciente e de maneira aterrorizante – pois que frequentemente escondida ou enfeitada com os charmes mistificadores da ficção – o afastamento da mulher; lugar que trouxe consigo, grosseiramente, todos os sinais da oposição sexual (e não da diferença), lugar no qual a mulher nunca teve *sua* fala, sendo isso o mais grave e imperdoável, já que é justamente a escrita *a própria possibilidade* de mudança, o espaço do qual pode se lançar um pensamento subversivo, o movimento precursor de uma transformação das estruturas sociais e culturais.

*

Quase toda a história da escrita se confunde com a história da razão, da qual ela é ao mesmo tempo o efeito, o suporte, e um dos álibis privilegiados. Ela coincidiu com a tradição falocêntrica. Ela é, aliás, o falocentrismo que se olha, que se satisfaz de si mesmo e se felicita.

Fora algumas exceções: pois houve, sem as quais eu não escreveria (eu-mulher, sobrevivente), falhas na enorme máquina que gira e repete sua "verdade" há séculos. Houve poetas que disseminaram a todo custo algo diverso da tradição – homens capazes de amar o amor; de amar, assim, os outros e de os querer, de imaginar a mulher que resistiria ao esmagamento e que se constituiria em sujeito deslumbrante, igual e, portanto, "impossível", intolerável dentro do quadro social real: essa mulher, o poeta só a pôde desejar rompendo os códigos que a negam. Sua aparição provocando necessariamente, senão uma revolução – uma vez que o baluarte era imutável –, ao menos, dilacerantes explosões. Às vezes, é exatamente na ruptura causada por um terremoto, através dessa mutação radical das coisas por uma perturbação material, quando todas as estruturas estão por um momento desorientadas, e que uma efêmera selvageria assola a ordem, que o poeta deixa escapar, por um breve momento, algo de mulher: assim fez Kleist até se consumir, de tanto querer que irmãs-amantes vivam, filhas-maternais mães-irmãs, que nunca baixaram a cabeça. Afinal, assim que os palácios da magistratura são restaurados, é preciso pagar: imediata e sangrenta morte a esses elementos incontroláveis.[36]

Mas, somente os poetas, não os romancistas solidários da representação. Os poetas, porque a poesia não é mais do que tirar força do inconsciente, e o in-

---

36 A frase em questão estabelece um diálogo com a peça teatral de Heinrich von Kleist, *Der zerbrochene Krug* [O frasco quebrado, em tradução literal], de 1808. (N.T.)

consciente – outro território sem limites – é o lugar no qual sobrevivem os recalcados: as mulheres ou, como diria Hoffman, as fadas.

É preciso que ela se escreva, porque é a invenção de uma escrita *nova, rebelde* que, quando chegar o momento da libertação, lhe permitirá realizar as rupturas e as transformações indispensáveis na história, a princípio em dois níveis inseparáveis:

a) individualmente: escrevendo-se, a mulher retornará a esse corpo seu, que fizeram mais do que confiscar, transformando-o num estranho do qual temos medo ao atravessar a rua – o doente ou o morto –, e que tantas vezes torna-se mau companheiro, causa e origem das inibições. Ao censurar o corpo, censura-se, de um golpe só, o sopro, a palavra.

Escreva-te: é preciso que seu corpo se faça ouvir. Só assim jorrarão as imensas fontes do inconsciente. Nossa nafta vai se alastrar sobre o mundo, sem dólares negros ou dourados[37], valores não cotados que mudarão as regras do velho jogo.

Escrever, ato que não somente "tornará real" a relação des-censurada da mulher com sua sexualidade, com o seu ser-mulher, permitindo-lhe o acesso às suas próprias forças; que lhe devolverá seus bens, seus prazeres, seus órgãos, seus imensos territórios

---

37 Cixous parece fazer referência aqui ao petróleo e ao ouro, respectivamente. (N.T.)

corporais mantidos lacrados; que a arrancará de sua estrutura superegoica, na qual reservaram-lhe sempre o mesmo lugar, o de culpada (culpada de tudo, a todo momento: de ter desejos, de não ter; de ser frígida, de ser "fogosa" demais; de não ser os dois ao mesmo tempo; de ser mãe demais ou de menos; de ter filhos ou de não os ter; de amamentar ou não amamentar...) – através desse trabalho de pesquisa, de análise, de iluminação, por meio dessa emancipação do maravilhoso texto dela mesma, texto que é preciso, com urgência, que ela aprenda a falar. Uma mulher sem corpo, muda, cega, não pode ser uma boa combatente. Ela está reduzida a ser a serva do militante, sua sombra. É preciso matar a falsa mulher que impede a viva de respirar. Inscrever o sopro da mulher inteira;

b) ato que marcará igualmente o momento da mulher *tomar a palavra*, e, assim, sua entrada estrondosa *na história*, que sempre se constituiu com base *no seu recalque*. Escrever para forjar para si uma arma *antilogos*. Para se tornar, enfim, parte ativa e iniciadora como bem entender, pelo seu *direito próprio*, em todo sistema simbólico, em todo processo político.

É hora de a mulher imprimir sua marca na língua escrita e oral.

Toda mulher conheceu o tormento da chegada à palavra oral, o coração a ponto de explodir, às vezes a queda ao perder a linguagem, o chão, a língua fugindo, de tanto que falar em público é, para a mulher – e eu diria até mesmo: somente abrir a boca –, uma temeridade, uma transgressão. Dupla aflição, porque, mesmo se ela transgride, sua palavra esmorece quase sempre na surda orelha masculina, que não compreende na língua a não ser aquilo que fala ao masculino.

É escrevendo, a partir da e em direção à mulher, e enfrentando o desafio do discurso governado pelo falo, que a mulher afirmará a mulher num lugar diferente daquele reservado a ela no e pelo símbolo, ou seja, o lugar do silêncio. Que ela escape da armadilha do silêncio. Que ela não permita que a reduzam aos limites da margem ou do harém.

Escute uma mulher falar em uma assembleia (caso ela não tenha perdido dolorosamente o fôlego): ela não "fala", ela lança seu corpo trêmulo no ar, ela *se joga*, ela voa, é ela inteira que se transmite através da sua voz, é com seu corpo que ela sustenta com vitalidade a "lógica" de seu discurso; sua carne fala a verdade. Ela se expõe. Na realidade, ela materializa de modo carnal o que pensa, ela significa o que pensa com seu corpo. De certa maneira, ela *inscreve* o que ela diz, porque não nega à pulsão sua parte indisciplinada e apaixonada pela palavra. Seu discurso, mesmo "teórico", ou político, não é jamais simples ou linear, ou "objetivado" generalizado: ela traz na história a sua história.

Não há essa interrupção, essa divisão que opera o homem comum entre a lógica do discurso oral e a lógica do texto, tão tenso ele está por conta de sua ancestral relação subserviente, calculada, com o domínio. Por isso, o discurso mesquinho na ponta da língua, envolvendo apenas a menor parte do corpo, com máscara.

Tanto na palavra feminina como na escrita não cessa jamais de ressoar aquilo que, por já nos ter outrora atravessado, tocado imperceptivelmente, profundamente, conserva o poder de nos afetar, o *canto*, a primeira música, aquela vinda da primeira voz de amor, que toda mulher mantém viva. Por que essa relação privilegiada com a voz? Porque nenhuma mulher empilha tantas defesas antipulsionais quanto um homem o faz. Você não cria muros, não empareda como ele, não se afasta assim com tanta "cautela" do prazer. Ainda que a mistificação fálica tenha contaminado em geral as boas relações, a mulher nunca está tão longe da "mãe" (que eu trato fora do seu papel funcional, a "mãe" como um não nome, e como fonte de bens). Sempre subsiste nela ao menos um pouco do bom leite materno. Ela escreve com tinta branca[38].

*

Mulher para mulheres: na mulher sempre se mantém a força produtiva do outro, em particular, da outra mulher. *Dentro* dela, matricial, ninando-doando, mãe e filha ela mesma, ela mesma filha-irmã. Você me diz: e aquela, que de uma mãe ruim é a histérica progenitura? Tudo

---

38   Ver nota 10 desta edição. (N.T.)

mudará, no momento em que a mulher dará a mulher à outra mulher. Dentro dela, latente, sempre pronta, existe uma fonte; e um lugar para a outra. *A mãe*, também, é uma metáfora: é preciso, e é suficiente que à mulher seja dado, por uma outra, o melhor dela mesma, para que a mulher possa se amar, e devolver em amor o corpo que lhe é "nato". Você, se o quiser, toque-me, acaricie-me, dê-me, você, a mulher viva sem nome, ame a mim como eu mesma[39]. Não mais do que a relação com a infância (a criança que ela foi, que ela é, que ela faz, refaz, desfaz no lugar onde, ainda, ela se outra), a relação com a "mãe", *enquanto* delícias e violências, não está cortada. Texto, meu corpo: travessia de escoadas cantantes; ouça-me, não falo de uma "mãe" pegajosa, supersensível; falo daquilo que a toca, o ambíguo que a comove, que a impulsiona, de dentro do peito, a vir à linguagem, que lança *sua* força, é o ritmo que lhe sorri; o íntimo destinatário que torna possíveis e desejáveis todas as metáforas, corpo (o? os?), não mais descritível que deus, que a alma ou que o Outro; aquela parte de você que entra em você, te espaceia e te impulsiona a inscrever na lín-

39 Nesta frase, originalmente escrita como *même moi comme moi-même*, Cixous estabelece um astuto jogo de palavras, em que podemos compreender um dos sentidos ao lermos a frase em silêncio (literalmente: "o mesmo meu como eu mesmo" ou "a mesma minha como eu mesma"), e outro sentido ao lermos a mesma frase em voz alta, incorporando, assim, a oralidade do verbo *aimer* = "amar": "me ame a mim como eu mesma" (*m'aime moi comme moi m'aime*). Esse último foi o sentido que escolhemos para a tradução. (N.T.)

gua teu estilo de mulher. Na mulher há sempre mais ou menos da mãe que repara e que alimenta, e que resiste à separação, uma força que não se deixa cortar, mas que deixa os códigos sem fôlego. Nós re-pensaremos a mulher a partir de todas as formas e de todos os tempos de seu corpo. *We are all lesbians*, lembram-nos as americanas; quer dizer, não rebaixe a mulher, não faça com ela o que fizeram com você.

Porque sua "economia" pulsional é pródiga, ela não pode, *tomando* a palavra, não transformar direta e indiretamente *todos* os sistemas de trocas fundados sobre a poupança masculina. Sua libido produzirá efeitos de rearranjo político e social muito mais radicais do que se quer pensar.

Porque desde sempre ela chega, viva, nós estamos no princípio de uma nova história, ou melhor, de um devir de várias histórias atravessando-se umas às outras. Enquanto sujeito da história, a mulher acontece sempre simultaneamente em vários lugares. Ela dispensa a história unificante, reguladora, que homogeneíza e canaliza as forças, e que orienta as contradições na prática de um só campo de batalha. Na mulher se cruzam a história de todas as mulheres, sua história pessoal, a história nacional e internacional. Enquanto combatente, é com todas as libertações que a mulher forma um só corpo. Ela deve enxergar longe. Não de golpe a golpe. Ela prevê que sua libertação fará mais do que mudar as relações de força ou do que lançar a bola para o outro campo; ela levará a uma mudança das relações humanas, do pensamento, de todas as práticas; não se trata somente da luta de classes, que ela insere, de fato, num movimento mais vasto. Não é que, pelo fato de ser mulher-em-luta(s), seja preciso abandonar a luta de classes ou negá-la; mas é preciso ampliá-la, fendê-la, incitá-la, preenchê-la com a luta fundamental; a fim de impedir que a luta de classes, ou toda outra luta de libertação de uma classe ou de um povo, opere como instância repressora, pretexto para adiar o inevitável, a alteração perturbadora das relações de força e de produção de individualidades. Essa alteração já existe: nos EUA, por exemplo, onde milhões de sentinelas estão sabotando a família e desintegrando toda a sociabilidade americana.[40]

Está chegando a nova história, ela não é um sonho, mas ultrapassa a imaginação masculina, e por uma boa razão: ela vai privá-los de sua ortopedia conceitual, ela começa por destruir sua máquina de engodos.

Impossível *definir* uma prática feminina da escrita, e esta é uma impossibilidade que permanecerá, pois nunca se poderá *teorizar* essa prática, aprisioná-la, codificá-la, o que não significa que ela não exista. Mas ela ultrapassará sempre o discurso que rege o sistema falocêntrico; ela acontece e acontecerá para

40 Isto, no interior de um perímetro econômico-metafísico cujo limite, que, por não ter sido ainda analisado, nem teorizado, parará, impedirá (a não ser por uma mudança no momento impossível de prever) rapidamente a amplitude do movimento.

além dos territórios subordinados à dominação filosófico-teórica. Ela só se deixará imaginar pelos sujeitos que rompem com os automatismos, pelos que correm às margens e que nenhuma autoridade poderá jamais subjugar.

*

Daí a necessidade de afirmar seu florescimento, de sinalizar seus caminhos, as vias próximas e distantes. Começando por lembrar: 1) que a oposição sexual, sempre construída em benefício do homem, a ponto de reduzir também a escrita às suas leis, não passa de *um limite histórico-cultural*. Existe, existirá cada vez mais forte e mais rápida, a partir de agora, uma ficção que produzirá efeitos de feminilidade irredutíveis; 2) que é por desconhecimento que a maior parte dos leitores, críticos, escritores dos dois sexos, hesitam em admitir, ou negam completamente, a possibilidade ou pertinência de uma distinção entre escrita feminina/ escrita masculina. Dir-se-á, com frequência, esvaziando, assim, a diferença sexual: ou, que toda escrita, na medida em que ela vem à luz, é feminina; ou, inversamente, mas que dá no mesmo, que o gesto da escrita é equivalente à masculina masturbação (e, assim, a mulher que escreve, fabrica para si um pênis de papel); ou, ainda, que a escrita é bissexual, logo neutra, expulsando a diferenciação. Admitir que escrever é justamente trabalhar (no) entre, interrogar o processo do mesmo e do outro, sem o qual nada vive, desfazer o trabalho da morte, admitir é, antes de tudo, querer o dois, e ambos, o conjunto do um e do outro não imobilizados em sequências de luta e de expulsão ou de execução, mas dinamizados ao infinito por um incessante intercâmbio do um com o outro sujeito diferente, não se conhecendo e se recomeçando tão somente a partir das fronteiras vivas do outro: percurso múltiplo e inesgotável a milhares de encontros e transformações do mesmo no outro e no entre, de onde a mulher toma suas formas (e o homem, por sua vez; mas essa já é uma outra história sua).

Eu fui clara: "bissexual, logo neutra", em referência à concepção *clássica* da bissexualidade, que, curvada ao signo do medo da castração, sustentada pelo fantasma de um ser "total" (embora feito de duas metades), quer escamotear a diferença comprovada como uma operação que não dá lucro, como marca de temida secabilidade[41].

A essa bissexualidade fusional, eliminadora, que quer conjurar a castração (o escritor que exibe: "aqui, escreve-se bissexual", pode apostar, vão ver que, na verdade, ele não é nem um, nem outro), eu oponho a *outra bissexualidade*, aquela em que cada sujeito não aprisionado no falso teatro da representação falocêntrica institui seu universo erótico. Bissexualidade, quer

41 *Sécabilité* é um neologismo criado por Cixous, e por nós igualmente na tradução, referindo-se ao caráter secável, ou seja, divisível, do que se pode cortar. Poderíamos interpretar, igualmente, que a palavra *sécabilité* contém a palavra *sec* em sua formação, fazendo referência àquilo que é seco. (N.T.)

dizer, identificação em si mesmo, individualmente, da presença, manifesta de forma diversa e insistente, segundo cada um, ou cada uma, dos dois sexos, a não exclusão da diferença nem de um sexo, e a partir desta "permissão" que nos damos, a multiplicação dos efeitos de inscrição do desejo, em todas as partes do meu corpo e do outro corpo.

Ora, essa bissexualidade em transes – que não anula as diferenças, mas as anima, as persegue, as acrescenta –, acontece que, hoje em dia, por razões histórico-culturais, é a mulher que se abre a ela, e se beneficia dela: de certa maneira, "a mulher é bissexual". Já o homem, não é segredo para ninguém, é treinado a aspirar à gloriosa monossexualidade fálica. De tanto afirmar o primado do falo, e de implementá-lo, a ideologia falocrática fez mais de uma vítima: sendo mulher, eu pude ser ofuscada pela grande sombra do cetro, e disseram-me: adore-o, este, que você não ostenta. Mas, com o mesmo golpe, deu-se ao homem esse grotesco e, imagine só, pouco desejado destino de ser reduzido a um só ídolo com bolas de argila. E, como notam Freud e seus sucessores, de ter pavor de ser uma mulher! Pois, se a psicanálise se constituiu a partir da mulher, e a recalcar a feminilidade (recalque que, como os homens o manifestam, não foi tão bem-sucedido assim) da sexualidade masculina, ela apresenta, atualmente, um resultado quase irrefutável; como todas as ciências "humanas", ela reproduz o masculino do qual ela é um dos efeitos.

Aqui, encontramos o inevitável homem de pedra, em pé, ereto no seu velho campo freudiano, de modo a devolvê-lo ao lugar onde a linguística o conceitualiza como que "renovado"; Lacan o conserva no santuário do Falo, "ao abrigo" *da falta de castração*! O "Simbólico" deles existe, ele tem poder, nós, as desorganizadoras, o sabemos muito bem. Mas nada nos obriga a depositar nossa vida em seus bancos da falta, a considerar a constituição do sujeito em termos de drama de repetições lancinantes, a aumentar cada vez mais a religião do pai. Pois nós não queremos fazer isso. Nós não andamos em círculos adorando o buraco supremo. Nós não temos nenhuma razão *de mulher* para ter que jurar lealdade ao que é negativo. O feminino (como os poetas suspeitaram) declara: "[…] *and yes I said yes I will Yes*". E sim, diz Molly levando *Ulysses* para além de qualquer livro, e em direção à nova escrita, "eu disse sim, eu quero Sim"[42].

O "Continente negro" [43] *não é, nem escuro, nem inexplorável.* Ele só se mantém até agora inexplorado porque nos fizeram acreditar que ele era escuro demais para ser explorável. E porque querem nos levar a acreditar que o que nos interessa é o continente branco, com seus monumentos à Falta. E nós acreditamos. Fo-

---

42 A frase em questão estabelece um diálogo com o romance de James Joyce, *Ulysses* (1922), citando as últimas palavras do monólogo interior de Molly Bloom, que são igualmente as últimas palavras do livro. (N.T.)

43 Ver nota 7 desta edição. (N.T.)

mos presas entre dois mitos horripilantes: entre a Medusa e o abismo. Haveria matéria suficiente para fazer morrer de rir meio mundo, se isso não se perpetuasse ainda hoje. Pois a sucessão[44] falogocêntrica está aí, e é militante, reprodutora dos velhos esquemas, enraizada no dogma da castração. Eles não mudaram nada: eles teorizaram o desejo deles *pela* realidade! Que tremam os padres, vamos mostrar a eles nossos sextos[45]!

Pior para eles, se desmoronarem ao descobrir que as mulheres não são homens, ou que a mãe não tem um. Mas será que esse medo não lhes convém de algum modo? Será que o pior não seria, não é, na verdade, o fato de que a mulher não é castrada, que basta a ela não dar mais ouvidos às sereias (pois as sereias eram homens) para mudar o sentido da história? Basta olhar a Medusa de frente para vê-la: ela não é mortal. Ela é bela, e ela ri.

Eles dizem que há dois irrepresentáveis: a morte e o sexo feminino. Isso porque precisam que a feminilidade esteja associada à morte; os paus deles ficam

---

44 As tradutoras de Hélène Cixous em língua inglesa, Keith Cohen e Paula Cohen, comentam que a palavra *relève*, aqui traduzida por "sucessão", faria, na verdade, referência ao conceito hegeliano de *Aufhebung*, palavra de difícil correspondência em português, pois significaria, ao mesmo tempo, "negação", "preservação" e "elevação". Escolhemos, portanto, a segunda acepção por dialogar com a ideia seguinte, de "repetição dos velhos esquemas...". (N.T.)

45 Ver nota 5 desta edição. (N.T.)

duros de medo! Ficam duros por si mesmos! Eles precisam ter medo de nós. Olhe os Perseus trêmulos avançarem em direção a nós, cobertos de apotrópicos, de marcha a ré! Belas costas! Nem mais um minuto a perder. Saiamos daqui.

Apressemo-nos: o continente não é de um escuro impenetrável. Eu já fui várias vezes para lá. Lá, eu encontrei um dia, com alegria, Jean Genet. Era em *Pompas fúnebres*[46]: ele tinha chegado, conduzido por seu Jean. Existem alguns homens (tão poucos) que não têm medo da feminilidade.

Sobre a feminilidade as mulheres ainda têm quase tudo por escrever: sobre sua sexualidade, quer dizer, sobre sua infinita e móvel complexidade, sobre sua erotização, sobre as combustões fulgurantes vindas de tão ínfima-imensa região de seus corpos; não sobre o destino, mas sobre a aventura de tais pulsões, viagens, travessias, encaminhamentos, bruscos e lentos despertares, descoberta de uma zona há pouco tempo tímida, em breve emergente. O corpo da mulher, com suas mil e uma moradas de ardor, no momento em que ela o deixará – destruindo os jugos e as censuras – articular a profusão de significados que em todos os sentidos o percorre: é através de muito mais do que uma língua que ele fará ressoar a velha língua materna de uma fenda só.

46 Cf. J. Genet, "Pompes funèbres", 1953, p. 185-186.

Nós nos afastamos de nossos corpos, que nos ensinaram vergonhosamente a ignorar, que nos ensinaram a bater com aquele estúpido pudor; deram-nos o velho golpe do ouro de tolo: cada um amará o outro sexo. Eu te darei teu corpo e você me dará o meu. Mas quais são os homens que dão às mulheres o corpo que elas cegamente lhes entregam? Por que tão poucos textos? Porque, por enquanto, apenas poucas mulheres conseguem recuperar seus corpos. É preciso que a mulher escreva através do seu corpo, que ela invente a língua inexpugnável que aniquila as divisórias, classes e retóricas, regulamentos e códigos, que ela submerja, transpasse, atravesse o discurso de reserva última, inclusive aquele que ri de si mesmo ao ter que pronunciar a palavra "silêncio", aquele que, mirando o impossível, para imediatamente face à palavra "impossível" e a escreve como o "fim".

Tão grande é a potência feminina que, arrebatando a sintaxe e rompendo o famoso fio (tão pequeno, dizem eles), que serve aos homens como um substituto de cordão umbilical a assegurá-los – e sem o qual eles não gozariam – de que a velha mãe ainda está ali atrás deles vendo-os fabricarem falos, é que as mulheres irão ao impossível.

*

Aquele que é "*O* Recalcado" da cultura e da sociedade, quando retorna, retorna de modo explosivo, *absolutamente* devastador, espantoso, com uma força nunca antes liberada, à altura da mais formidável das supressões: pois ao fim da época do Falo, as mulheres terão sido ou aniquiladas, ou elevadas à mais alta e violenta incandescência. Ao longo de sua história abafada, elas viveram em sonhos, em corpos calados, em silêncios, em revoltas áfonas.

E com tamanha força em sua fragilidade: "fragilidade", vulnerabilidade, à mesma medida de sua incomparável intensidade. Elas não sublimaram. Felizmente: elas salvaram sua pele, sua energia. Elas não investiram seus esforços liquidando o impasse de vidas sem futuro. Elas habitaram furiosamente esses corpos suntuosos: admiráveis histéricas que submeteram Freud a momentos tão voluptuosos e inconfessáveis, bombardeando sua estátua mosaica com suas carnais e apaixonadas palavras de corpo, assombrando-o com suas inaudíveis e fulminantes denúncias, mais do que nuas sob os sete véus da modéstia, deslumbrantes. Aquelas, que, numa só palavra do corpo, inscreveram a imensa vertigem de uma história separada como uma flecha de toda a história dos homens, da sociedade bíblico-capitalista, são essas mulheres, as supliciadas de ontem, que precedem as novas mulheres, depois das quais nunca mais nenhuma relação intersubjetiva será a mesma. É você, Dora, você, a indomável, o corpo poético, a verdadeira "mestra" do Significante. Sua eficácia, a veremos operar antes de amanhã, quando sua palavra não terá mais penetrado em você com a ponta virada para seu próprio seio, mas se escreverá contra o outro.

Em corpo:[47] muito mais do que o homem chamado aos êxitos sociais, à sublimação, as mulheres são corpo. Mais corpo, portanto, mais escrita. Durante muito tempo é em corpo que ela respondeu às humilhações, à empresa familiar-conjugal de domesticação, às tentativas repetidas de castrá-la. Aquela que revirou dez mil vezes sete vezes sua língua dentro da boca antes de se calar, ou está morta, ou conhece sua língua e sua boca melhor do que todos. Agora, eu-mulher vou explodir com a Lei: estrondo agora possível, e inevitável: e que se faça, imediatamente, *na* língua.

Não nos deixemos enganar por uma análise que não se desfez por completo dos antigos automatismos: não há de se temer que na linguagem se esconda um adversário invencível, porque é a língua dos homens e a sua gramática. Não se deve conceder a eles nenhum lugar que não pertença a eles sozinhos mais do que nós lhes pertencemos.

Se a mulher sempre funcionou "dentro" do discurso do homem, significante permanentemente reenviado ao significante oposto, que aniquila sua energia específica, que rebate ou sufoca seus sons tão diferentes, é hora dela deslocar esse "dentro", de explodi-lo, de revirá-lo e de se apropriar dele, de o

47 Ver nota 8. (N.T.)

transformar em seu, compreendendo-o, tomando-o em sua própria boca; que, com seus próprios dentes, ela morda a língua dele, que ela invente uma língua para enfiar nele. E, você verá com qual facilidade ela pode, deste "dentro" em que, sonolenta, antes se escondia, fazer emergir aos lábios por onde ela transbordará de suas espumas.

Tampouco se trata de se apropriar dos instrumentos deles, dos seus conceitos, dos seus lugares, nem de querer ocupar sua posição de domínio. Saber que há um risco de identificação não implica sucumbirmos a ele. Deixemos aos inquietos, à angústia masculina e à sua relação obsessiva com o domínio do funcionamento das coisas, o saber "como funciona" a fim de que "funcione". Não se apoderar para interiorizar, ou para manipular, mas para atravessar de um salto, e "voar".

Voar[48] é o gesto da mulher, voar na língua, fazê-la voar. Do voo, nós todas aprendemos a arte feita de profusas técnicas, faz muitos séculos que nós não temos acesso a ela a não ser *roubando*; que nós temos vivido num voo, que nós temos vivido de roubar, encontrando, quando desejamos, passagens estreitas, ocultas, que atravessam. Não é um acaso poder-se jogar com os dois significados de *voler*, gozando de

---

48 O verbo *voler* tem duas traduções possíveis em português: "voar" ou "roubar". A autora brinca mais uma vez com este duplo sentido ao longo de todo o parágrafo. (N.T.)

um e de outro e desorientando os agentes do sentido. Não é um acaso: a mulher tem algo do pássaro e do ladrão assim como o ladrão tem algo da mulher e do pássaro: elxs[49] passam, elxs escapam, elxs desfrutam do prazer de perturbar a organização do espaço, de desorientá-lo, ao trocar de lugar os móveis, as coisas, os valores, ao criar cacos, ao esvaziar as estruturas, ao virar de cabeça para baixo o que é considerado limpo.

Qual é a mulher que não voou/roubou? Que não sentiu, sonhou, realizou o gesto que entrava a sociabilidade? Quem não confundiu, expôs ao ridículo o muro de separação, inscreveu com seu corpo o diferencial, perfurou o sistema de casais e oposições, quem não derrubou, por meio de uma transgressão, o sucessivo, o encadeado, o muro da circonfusão[50]?

Um texto feminino não pode ser nada menos do que subversivo: se ele se escreve, é erguendo, vulcânico, a velha crosta da propriedade, portadora dos investimentos masculinos, e não de outra forma; não há lugar para ela se ela não é um ele? Se ela é ela-ela, é somente quebrando tudo, despedaçando os alicerces das instituições, explodindo com a lei, contorcendo a "verdade" de rir.

49   Ver nota 15, desta edição. (N.T.)

50   *Circonfusion* é um neologismo criado por Cixous, assim como por nós na tradução, para significar a mistura entre "circuncisão" e "confusão". (N.T.)

Porque ela não pode, uma vez que ela abre *seu* caminho no simbólico, não o transformar no c(a)osmos[51] do "pessoal", em seus pronomes, em seus nomes e em seu bando de referentes. Não é para menos: terá havido essa longa história de "ginocídio"[52]; como sabem os colonizados de ontem, os trabalhadores, os povos, as espécies sobre as quais a história dos homens lucrou em forma de barras de ouro; aqueles que conheceram a ignomínia da perseguição extraem dela um futuro e um obstinado desejo de grandeza; os encarcerados conhecem melhor que seus carcereiros o gosto do ar livre. *Graças* à sua história, as mulheres hoje sabem (fazer e querer) o que os homens só conceberão muito mais tarde: eu digo que ela desordena o que é "pessoal"; como, por meio da lei, de mentiras, de chantagens, do casamento, sempre a extorquiram o direito a ela mesma, ao mesmo tempo que extorquiram seu nome, ela foi capaz, através do próprio movimento de alienação mortal, de ver de perto a vacuidade do que é considerado "limpo", a mesquinhez redutora da economia subjetiva masculino-conjugal, à qual ela resiste de duas formas: por um lado, ela se constituiu necessariamen-

---

51 *Chaosmos* é um neologismo criado por Cixous pela aglutinação das palavras "caos" e "cosmos". Diante da difícil tradução, optamos pela grafia c(a)osmos. (N.T.)

52 *Gynocide* é um neologismo criado por Cixous, assim como por nós ao traduzi-lo, significando o genocídio simbólico da mulher ou daquilo que é relativo à mulher (do grego *gynē* = mulher). (N.T.)

te como essa "pessoa" capaz de perder uma parte de si mesma sem ficar perdida. Mas em segredo, em silêncio, no seu foro íntimo, ela se expande e se multiplica, pois, por outro lado, ela sabe muito mais sobre viver e sobre a relação entre a economia pulsional e o controle de si do que qualquer homem. Diferentemente do homem, que se apega intensamente a seu título e a seus títulos, bolsas de valores, cabeça, coroa, e tudo que é de seu domínio, a mulher debocha do medo da decapitação (ou da castração), aventurando-se, sem o masculino tremor, no anonimato, ao qual ela sabe se fundir sem se aniquilar: porque ela é *doadora*.

Eu teria muito a dizer sobre toda a problemática enganosa do dom. A mulher não é, evidentemente, aquela mulher sonhada por Nietzsche que só doa para. Quem pode pensar o dom como um dom que cobra, senão justamente o homem, que gostaria de tudo cobrar?

Se existe algo "próprio" à mulher é paradoxalmente sua capacidade de se des-apropriar sem cálculo: corpo sem fim, sem "pedaço"[53], sem "partes" principais; se ela é um todo, é um todo composto de partes que são todos, não somente objetos parciais, mas um todo movente e em mudança, ilimitado cosmos que Eros percorre sem repouso, imenso espaço astral não organizado em torno de nenhum sol mais-astro que os outros.

---

53   A palavra *bout*, em francês, utilizada pela autora nesta frase, tem, pelo menos, duas traduções possíveis em português: "pedaço/parte" ou "confim". (N.T.)

Isso não quer dizer que ela seja um magma indiferenciado, mas que ela não monarquiza seu corpo ou seu desejo. Que a sexualidade masculina gravite em torno do pênis, engendrando esse corpo (anatomia política) centralizado, sob a ditadura das suas partes. A mulher, ela, não opera sobre ela mesma essa regionalização em benefício do casal cabeça-sexo, somente inscrito no interior de fronteiras. Sua libido é cósmica, assim como seu inconsciente é mundial: sua escrita só pode se perpetuar, sem jamais inscrever ou discernir contornos, ousando travessias vertiginosas do outro, efêmeras e apaixonadas estadias nele, nelas, neles, em quem ela habita tempo suficiente para vê-los o mais próximo possível do inconsciente, assim que acordam, de amá-los o mais próximo possível da pulsão e, em seguida, de longe, inteiramente impregnada desses breves identificatórios abraços, ela vai, e passa ao infinito. Ela somente ousa e quer conhecer de dentro, de onde ela, a excluída, não cessou de ouvir ressoar a pré-linguagem. Ela deixa falar a outra língua a mil línguas, ela que não conhece nem o muro nem a morte. À vida, ela não recusa nada. Sua língua não contém, ela carrega, ela não retém, ela torna possível. Lá onde algo se anuncia turvo – maravilha de ser muitos –, ela não se protege de suas desconhecidas, surpreendendo-se ao se ver sê-las, gozando do seu dom de alterabilidade. Eu sou carne espaçosa cantante, na qual se enxerta ninguém sabe qual eu, mais ou menos humano, mas, acima de tudo, vivo, pois que em transformação.

Escreva! e seu texto, ao se procurar, se conhecerá mais do que carne e sangue, massa sovando-se, crescendo, insurrecional, aos ingredientes sonoros, perfumados, combinação movimentada de cores voadoras, folhagens e rios jogando-se no mar[54] que nós alimentamos. Ah! Aí está o mar dela, ele me dirá, o outro que me oferece sua bacia cheia de água da pequena mãe fálica da qual ele não consegue se separar. Mas aí está, nossos mares são o que fazemos deles, cheios de peixes ou não, opacos ou transparentes, vermelhos ou negros, agitados ou calmos, estreitos ou sem margens, e nós somos nós mesmas, mar, areias, corais, algas, praias, marés, nadadoras, crianças, ondas.

Mais ou menos vagamente[55] mar, terra, céu; que matéria nos desencorajaria? Nós sabemos falar elas todas.

Heterogênea, sim, em benefício de sua alegria ela é erógena, ela é a erogeneidade da heterogeneidade; não é a ela mesma que ela se agarra, a nadadora aérea, a ladra/a voadora. Dispersável, pródiga, deslumbrante, desejosa e capaz de outro, da outra mulher que ela será, da outra mulher que ela não é, dele, de você.

---

54 O substantivo *mer* ("mar") em francês é feminino (*la mer*) o que, no texto original de Cixous, cria correspondências, do ponto de vista sonoro, com o substantivo feminino *mère* ("mãe"), pronunciado da mesma forma. (N.T.)

55 A palavra francesa aqui utilizada, *vaguement*, conserva o radical *vague*, em português, "onda". (N.T.)

*

Mulher, não tenha medo nem de algures, nem do mesmo, nem do outro. Meus olhos, minha língua minhas orelhas meu nariz minha pele minha boca meu corpo – para – (o) outro, não que eu o deseje para tampar um buraco, para disfarçar algum defeito meu, ou porque perseguida destinadamente pela feminina "inveja"; não por eu estar sendo levada, na cadeia de substituições que traz de volta o substituído ao objeto último. Já se foram os contos do pequeno polegar, do *Penisneid*[56] que as velhas avós ogras cochicharam em nossos ouvidos a serviço de seus filhos-paternais. Que eles acreditem, que eles precisem – para se vangloriar – acreditar que estamos morrendo de desejo, que somos esse buraco rodeado de desejo do pênis deles, esse é seu eterno problema. Inegavelmente (o verificamos a despeito de nós – mas também para nosso deleite), é nos obrigando a saber que estão de pau duro para que os deixemos seguros de si (nós, amantes maternais de seu significante-zinho de bolso) que são capazes, que eles os têm ainda –, que os homens se estruturam empenando-se. Na criança, não é o pênis que a mulher deseja, não é esse famoso pedaço em torno do qual todo homem gravita. A gestação não é reconduzida, a não ser nos *limites* his-

56 Conceito freudiano que procura explicar a forma como ocorre o complexo de castração nas meninas. (N.T.)

tóricos do Antigo, a fatalidades, a essas substituições mecânicas que o inconsciente de uma eterna "invejosa" constrói; nem ao *Penisneid*; nem ao narcisismo, nem a uma homossexualidade ligada à mãe-sempre--presente! Fazer um filho não leva, nem a mulher, nem o homem a cair fatalmente em padrões, ou a abastecer o circuito da reprodução. Se há risco, não há armadilha inevitável: que sobre a mulher não venha pesar, disfarçado de consciência, um suplemento de proibições. Se você quer uma criança ou não, *é problema seu*. Que ninguém a ameace, que ao medo antigo de ser "forçada" não se suceda o medo, satisfazendo seu desejo, de se tornar cúmplice de uma sociabilidade. E, homem, você também, apostando na cegueira e na passividade de todos, vai temer que a criança não *faça* um pai e, então, que a mulher faça de uma criança muito mais do que um engano, engendrando ao mesmo tempo a criança – a mãe – o pai – a família? Não. É você que deve romper os velhos circuitos. Será dever da mulher e do homem fazer perecer a antiga relação e todas as suas consequências; conceber o *lançamento* de um novo sujeito, com vida, com des-familialização. Des-mater-paternalisemos em vez de, para disfarçar a cooptação da procriação, privar a mulher de uma apaixonante era do corpo. Desfetichizemos. Afastemo-nos da dialética que afirma que o bom pai é o pai morto, ou que a criança é a morte dos seus pais. A criança é o outro, mas o outro sem violência, sem passagem pela perda, pela luta. Não aguentamos mais entrelaces, a fábrica de nós, sempre a excluir, a ladainha da castração que se transmite e que genealogisa. Nós não avançaremos mais à marcha a ré; nós não iremos recalcar algo tão simples como a vontade de vida. Pulsão oral, pulsão anal, pulsão vocal, todas essas pulsões são a nossa força, e, entre elas, a pulsão de gestação – assim como a vontade de escrever: uma vontade de se viver por dentro, uma vontade do ventre, da língua, do sangue. Nós não iremos, se nos der vontade, recusar as delícias de uma gravidez, sempre, aliás, dramatizada e escamoteada, ou maldita, nos textos clássicos. Pois, se há um recalcado em particular, é bem aqui que o encontramos: no tabu da mulher grávida, que diz muito sobre a potência da qual ela parece estar então investida; é que sempre suspeitamos que, grávida, a mulher não somente duplica seu valor mercantil, mas, acima de tudo, *se* valoriza enquanto *mulher* aos seus próprios olhos e, indubitavelmente, ganha corpo e sexo.

Há mil maneiras de se viver uma gravidez; de ter ou não com esse outro ainda invisível uma relação de outra intensidade. E se você não tem essa vontade, não significa que algo te falte. Cada corpo distribui de maneira singular, sem modelo, sem norma, a totalidade não finita e mutável de seus desejos. Decida por você a sua posição no espaço das contradições, onde prazer e realidade se abraçam. Traga o outro à vida: a mulher sabe viver o desprendimento; parir não é nem perder, nem se engrandecer. É acrescentar à vida comum um outro. Eu estou sonhando? Eu desconheço? Vocês, os defensores da "teoria", os benditos-isso-isso do conceito, entronizadores do falo (mas não do pênis), vão me acusar mais uma vez de "idealismo", ou, pior ainda, vocês dirão cuspindo que sou "mística".

E a libido, ora? Eu não li, por acaso, "A significação do falo"[57]? E a separação, a parte de si que para nascer você submete, dizem eles, a uma eliminação que para sempre teu desejo comemora?

Aliás, não se percebe, nos meus textos, que o pênis circula, que eu lhe cedo espaço e charme. Certamente. Eu quero tudo. Eu me quero inteira com ele inteiro. Por que eu me privaria de uma parte de *nós*? Eu quero, sim, tudo de nós. É claro que a mulher tem desejo, um "desejo" amante, e não invejoso. Não porque ela esteja castrada; não porque ela esteja tão diminuída que precise se preencher, como uma pessoa ferida que quer se consolar e se vingar. Eu não quero um pênis com o qual enfeitarei meu corpo. Mas eu desejo o outro pelo outro, inteiro, inteira; porque viver é querer tudo o que é, tudo o que vive, e querendo-o vivo. A castração? Para os outros. O que é um desejo se originando de uma falta? Um desejo bem pequeno. A mu-

---

57 A autora faz aqui referência à conferência de Jacques Lacan, "Die Bedeutung des Phallus" (1958). (N.T.)

lher que ainda se deixa ameaçar pelo grande *phalle*[58], que continua impressionada pelo circo da instância fálica, seguindo entusiasmada um mestre leal ao toque dos tambores, essa é a mulher de ontem. Elas existem ainda, fáceis e numerosas vítimas da mais velha das pharsas[59]; seja porque elas partilham da primeira e muda versão, na qual, como titanesas deitadas debaixo das montanhas que elas criam com seus temores, elas não veem nunca se erigir o monumento teórico ao falo de ouro que, à moda antiga, paira sobre seus corpos. Seja por estar saindo hoje do seu período *infans*, elas veem-se subitamente atacadas pelos construtores do império analítico, e, assim que formulam o novo desejo, nu, sem nome, feliz em aparecerem, eis que elas são pegas no banho de surpresa pelos novos velhacos e então, ui! Oblíquo e vestido de modernidade, o demônio da interpretação vende a elas, com significantes cheios de brilho, as mesmas algemas e outros encantadores feitiços: segunda versão, a "iluminada", de seu pudico rebaixamento. Qual castração você prefere? De qual deles você gosta mais, aquele do pai ou aquele da

58 Cixous utiliza aqui a palavra *phalle* em uma ortografia menos usual, porém existente em francês, para o termo *phallus*, "falo", do qual ela é sinônima. Sua escolha parece demonstrar um desejo de acentuar a neutralidade genérica do termo *phallus*, escolhendo um termo sem marca do masculino. (N.T.)

59 Cixous cria um neologismo, através da junção das palavras: *phallus* e *farce*, em francês, significando a farsa fálica. (N.T.)

mãe? Olha esses olhinhos lindinhos, veja, menininha bonitinha, compre meus óculos e você verá a Verdade-Mim-Eu te dizer tudo no que você deverá acreditar. Coloque-os e dê aquela olhada fetichista (porque você sou eu, o outro analista, é o que estou a te ensinar) sobre o teu corpo e o corpo do outro. Você vê? Não? Espere, vão te explicar tudo, e você saberá enfim a qual espécie de neurose você está filiada. Não se mexa, vamos fazer teu retrato, para que você comece logo a se parecer com ele.

Sim, elas constituem uma legião, as ingênuas no primeiro e no segundo graus. Aquelas que estão a retornar, se elas têm coragem de gritar às margens da teoria, são logo interpeladas pelos policiais do significante, fichadas, repreendidas pelas regras que elas supostamente conhecem; colocadas com malícia num lugar preciso na cadeia que se forma sempre em benefício do "significante" privilegiado. Somos reunidas em torno do fio que, se não te conduz ao Nome do Pai, te conduz, em seu lugar, e parecendo ser novidade, à mãe-fálica.

Minha amiga, tome cuidado com o significante que quer reconduzi-la à autoridade de um significado! Cuidado com os diagnósticos que gostariam de reduzir sua potência geradora. Os nomes "comuns" também são nomes próprios que rebaixam sua singularidade classificando-a no interior da própria espécie. Rompa os círculos; não permaneça no cerco psicanalítico: dê uma volta, e depois atravesse!

E se nós somos legião é porque a guerra de libertação abriu somente uma brecha por enquanto. Mas as mulheres correm até ela, eu as vi, aquelas que não serão nem domesticadas nem enganadas, aquelas que não terão medo do risco de ser mulher.

De nenhum risco, de nenhum desejo, de nenhum espaço ainda inexplorado dentro delas, entre elas e de outros, ou além. Ela não fetichiza, ela não nega, ela não odeia, ela observa, ela se aproxima, ela procura ver a outra mulher, a criança, o/a amante, não para consolidar seu narcisismo, ou verificar a solidez ou a fraqueza do mestre, mas para melhor fazer amor, para inventar.

O Amor Outro:

No princípio são nossas diferenças. O novo amor ousa o outro, o quer, se furta[60] a voos vertiginosos entre o conhecimento e a invenção. Ela, aquela que sempre retorna, ela não permanece, ela vai para todos os lugares, ela troca, ela é o desejo-que-dá. (Não presa ao paradoxo do dom que cobra; nem à ilusão da fusão unificadora. Nós já passamos desse ponto). Ela entra, ela entre-ela eu e você entre o outro eu em que o um

---

60 O verbo (*s')embler*, utilizado por Hélène Cixous na forma pronominal, foi um verbo usual até o século XIX na França, aqui traduzido como "furtar-se". Estrategicamente, a autora o emprega para jogar com o duplo sentido voar/roubar, já anunciado, pois é um verbo polissêmico em francês, significando "precipitar-se num voo...", "roubar", "furtar", "apropriar-se de...". (N.T.)

é sempre infinitamente mais de um e mais do que eu, sem medo de que nunca chegue ao limite: desfrutando o nosso tornar-se. E nós continuaremos, sem fim! Ela atravessa os amores defensivos, as maternagens e devorações: para além do narcisismo avaro, no espaço movente, aberto, transicional, ela *corre seus* riscos; para além do recolocar-para-dormir da luta até a morte, do amor-guerra que pretende figurar a troca, ela ri-se de uma dinâmica de Eros alimentada pelo ódio – ódio: herança, ainda, um resquício, uma servidão enganadora ao falo. Amar, olhar-pensar-procurar o outro no outro, des-especularizar, desespecular. É difícil? Não é impossível: e é isto que alimenta a vida, um amor que não se vale desse desejo inquieto que aposta na falta e que quer confundir o estranho, mas que se regozija da troca que multiplica. Onde quer que a história se propague ainda como história da morte, ela não entra. A oposição, a troca hierarquizadora, a luta pelo domínio, que só termina com pelo menos uma morte (um senhor – um escravo ou dois não senhores = dois mortos), tudo isso é fruto de um tempo governado por valores falocêntricos: o fato de que existe ainda um presente não impede que a mulher comece, em outro lugar, a história da vida. Neste outro lugar, ela doa. Ela não "sabe" o que dá, ela não o mede; mas ela não dá nem o troco, nem o que ela não tem. Ela dá mais; sem a segurança de ter como retorno qualquer tipo de lucro, mesmo imprevisto. Ela dá ao viver, ao pensar, ao transformar. Essa "economia" não pode mais se descrever em termos de economia. Lá onde ela ama, todos os conceitos da velha administração estão ultrapassados. No fim de um cálculo mais ou menos consciente, ela não acerta sua conta, mas suas diferenças. Eu sou para você o que você quer que eu seja no momento em que você me olha de uma maneira que você ainda nunca me viu: a cada instante. Quando eu escrevo, são todos aqueles que não sabemos que podemos ser, que se escrevem a partir de mim, sem exclusão, sem previsão, e tudo o que seremos nos chama à incansável, inebriante, insaciável procurada[61] de amor. Jamais nós nos faltaremos[62].

---

61 *Chercherie* é mais um neologismo utilizado por Hélène Cixous, ao combinar as palavras *chercher* ("buscar", "procurar"), e *chérie* ("querido/a", "amado/a"). Procuramos fazer o mesmo com o neologismo em português. (N.T.)

62 O verbo presente no original francês é *manquer*. Altamente polissêmico, o termo carrega, nesta frase, pelo menos, os seguintes sentidos: o fato de que as mulheres nunca sentirão falta das mulheres (*manquer à quelqu'un* é a perífrase francesa para expressar a saudade), mas também que as mulheres nunca faltarão ao seu compromisso com as outras mulheres (sentido de honrar um compromisso). No plano individual, igualmente, pode significar que a mulher nunca faltará a ela mesma nem sentirá falta de si. (N.T.)

POSFÁCIO

A QUE PASSA É O SEU NOME, QUER DIZER HÉLÈNE CIXOUS

Decepar a cabeça = castrar. O medo da Medusa é, então, medo da castração, que está ligado a uma visão amedrontadora. A partir de inúmeras análises, conhecemos o motivo desse medo: ele se mostra quando o menino, que até então não queria acreditar na ameaça, avista uma genitália feminina. Provavelmente, uma genitália de mulher adulta cercada de pelos, no fundo, a da mãe. Se os cabelos da cabeça de Medusa são tão frequentemente representados na arte como serpentes, então estas surgem, de novo, do complexo de castração e, curiosamente, por mais amedrontadores que sejam em si seus efeitos, eles oferecem realmente um abrandamento do horror, pois substituem o pênis, cuja falta é a sua causa última. Uma regra técnica: a multiplicação dos símbolos do pênis significando castração é confirmada aqui.

Sigmund Freud, em "A cabeça da Medusa", 1940

[...] eles teorizaram o desejo pela realidade! Que tremam os padres, vamos mostrar a eles nossos sextos!
Pior para eles, se desmoronarem ao descobrir que as mulheres não são homens, ou que a mãe não tem um. Mas será que esse medo não lhes convém de algum modo? Será que o pior não seria, não é, na verdade, o fato de que a mulher não é castrada, que basta a ela não dar mais ouvido às sereias (pois as sereias eram homens) para mudar o sentido da história? Basta olhar a Medusa de frente para vê-la: ela não é mortal. Ela é bela, e ela ri.

Hélène Cixous, em "O riso da Medusa", 1975

A própria Hélène Cixous é quem escreve que, para uma mulher, é difícil tomar a palavra pois ela o faz com seu corpo todo, que treme, e lança sua voz no vazio. Quando ela fala, é todo o seu corpo que fala. Poderia começar dizendo que a escrita de Hélène Cixous não é a do *assim seja*, do *amém*,[63] se lida e relida, acorda e desacorda em relação a ela mesma, aos escritos que lhe precedem e ao seu contexto. A esta altura já se terá lido *O riso da Medusa*, o prefácio de Frédéric Regard – "AO!", a revisita de Hélène Cixous – "Efeito de espinho rosa", nas traduções mais do que bem-vindas de Natália de Santanna Guerellus e Raísa França

---

63 "Escrevo isto, e não escrevo depois *terminado*, nem *amém*, nem *assim seja*." in J. Lacan (1973). *O seminário, livro 20: mais ainda*, p. 12. (Itálicos do autor.)

Bastos. Logo, um outro começar agradece a essas duas mulheres por darem à luz, em "brasileiro"[64], esses intraduzíveis que a obra de Hélène Cixous *não para* de nos fazer ler. Essa publicação é um não à escassez[65], e que seja um abrir passagem para um *mais ainda*. Mais adiante voltarei aos itálicos deste parágrafo.

Nos estudos literários brasileiros, Hélène Cixous é predominantemente conhecida como leitora crítica de Clarice Lispector e de James Joyce e talvez seja preciso localizá-la, não a prender, em outras passagens, talvez Hélène Cixous não dispense apresentação. Nas linhas finais de *H.C. pour la vie, c'est à dire,* 2002, não negando suas próprias resistências, Jacques Derrida se coloca a questão da legitimação da obra de Cixous. Valendo-se de uma terminologia propositadamente mercadológica, ele nos diz que, embora Hélène Cixous seja bem cotada, conhecida e

---

64 Sigo Hélène Cixous que, ao se referir à escrita de Clarice Lispector, não diz que ela está em *portugais*, mas em *brésilien*. Imaginemos que, para a autora, é importante também guardar o *lien* ("laço", "elo", "ligação") que a palavra em francês porta.

65 Em 1999, a Editora Exodus publicou *A hora de Clarice Lispector* na tradução de Rachel Gutierrez. Em 1989, a revista *Remate de males*, em número organizado por Berta Waldman e Vilma Arêas e dedicado a Clarice Lispector, publicou um ensaio de Cixous em inglês em que a autora pensa lado a lado *Retrato do artista quando jovem* e *Perto do coração selvagem*. Em Portugal, Fernanda Bernardo tem sido responsável pelas traduções de Jacques Derrida e também pelas publicações que Cixous assinou com ele.

prestigiada na França e no mundo, sua obra ainda não é bem lida e, assim, passa a examinar as razões desse desconhecimento. Além das dificuldades imanentes à obra, Derrida destaca os diversos lugares de atuação de Cixous: a universidade, os estudos femininos[66], as letras, o teatro, a política e diz certeiramente "se isso já seria muito para um homem, é intolerável para uma mulher"[67]. Fica claro que é no campo da resistência e mesmo do intolerável – do *objeto literário não identificado*, para ainda me valer de uma designação de Derrida, das línguas que tocam a extremidade do sentido, e da diferença sexual – que se dá o esforço de leitura proposto neste breve posfácio.

Dito isso, proponho-me aqui não mais a rememorar o contexto e a urgência de *O riso da Medusa*, mas a tentar elaborar algumas passagens entre ele e dois escritos que vieram depois: *Sorties* [publicado na edição de 2010 de *Le Rire de la Méduse*] e *Contes de la différence sexuelle*, 1990. Tal escolha poderia ainda se dar em outro plano e articular, por exemplo, *O riso da Medusa* com *Prénoms de personne*, e com *La venue à l'écriture*. Em *Prénoms de personne*, 1974, uma crítica às questões traçadas pelo conceito de "Nome do pai" lacaniano, longe de descartar Freud,

66 Naquilo que posso ler da crítica à obra de Cixous o termo "estudos femininos" prepondera sobre o termo "estudos feministas".

67 J. Derrida, *H. C. pour la vie, c'est à dire*, p. 119.

Hoffmann, Joyce, Cixous relerá seus escritos através dos impasses do sentido e da sobreposição das forças criativas sobre as forças mortíferas, subvertendo os paradigmas da castração e do significante. Já em *La venue à l'écriture* [em *Entre l'écriture*], 1976, não fará proposições teórico-críticas em torno da escrita feminina, mas entrelaçará, em prosa poética, em ato, os movimentos da escrita feminina, passando pelas paixões da escrita autobiográfica. As escritas de Cixous não compõem uma obra que se oferece no tempo da imediaticidade, quer seja no nível da frase, quer seja no contorno total de cada livro. Seu leitor, constantemente, se vê diante da tarefa de redesenhar para cada obra um palimpsesto com suas camadas literárias, filosóficas, históricas e autobiográficas, desdobrando o gesto de recriar passagens entre lados, entre rostos, entre modos de gozo.

Em *O riso da medusa*, de 1975, desejando despossuir-se de conceitos que provavelmente já circulavam na cena intelectual francesa em forma de clichês repetidos de modo incessante, Hélène Cixous pensa que a escrita feminina não pode ser definida, a ela não se pode atribuir uma essência, já que o feminino estaria ao lado daquilo que resiste ao próprio, à propriedade e à apropriação. Se a escrita feminina não tem essência, nem por isso Cixous deixará de indicar que essa escrita reúne, sem se deixar aprisionar neles, movimentos bastante específicos que oferecem formas para este não ter lugar próprio. São eles: explosão, difusão, abundância, gozo ilimitado, fora de si, fora do mesmo, longe de "um centro". Indicados esses movimentos, Hélène Cixous aponta ainda a impossibilidade de definição de uma prática feminina da escrita, o que não quer dizer que ela não exista. Seus movimentos são atravessados tanto por um privilégio da voz, com ênfase no ritmo e no canto, que desregula o andamento linear da escrita, quanto pela indecidibilidade do verbo *voler* que, em francês, significa, intransitivamente, "voar", e, transitivamente, "roubar". Voz, voo, roubo, seriam os elementos imprescindíveis para a subversão de tudo aquilo que, regulado pela posse, se fixa no espaço e no tempo.

Em *Sorties* são escutados os ecos de *O riso da Medusa*, mas Cixous fará uma leitura crítica um pouco mais demorada de alguns pontos: a dialética sem saída estabelecida por Hegel que só reconhece o senhor e o escravo; o circuito psicanalítico que institui o primado do falo e, por conseguinte, o temor à castração, engendrando um horror ao feminino que ficará atado às fantasias masculinas de falta, inveja do pênis, diminuição e aniquilamento de um desejo feminino que não seja totalmente referenciado ao falo. Em um mundo que veio depois de Medeia, isto é, na aurora da fundação do patriarcado, ou a mulher será passiva e muda ou ela não existirá. Como despertar a mulher desse adormecimento ditado pela economia libidinal masculina e escrever o corpo e o gozo de uma mulher, que até então eram situados no continente negro do impensável? Cito um fragmento incontornável:

Para mim, a questão "O que ela quer?" que se coloca à mulher, que a mulher se coloca porque é colocada para ela, porque há pouco lugar para seu desejo na sociedade (...), à força de não saber o que fazer com ele, por não saber onde colocá-lo, ou mesmo se ela o tem, encobre a questão mais imediata e mais urgente: "Como eu gozo? O que é o gozo feminino, onde ele se dá, como isso se inscreve no nível de seu corpo, de seu inconsciente? E, então, como isso se escreve?[68]

Tanto em *O riso da Medusa*, quanto em *Sorties*, tomar a palavra implica dizer não para indicar um excesso, uma extravagância em relação ao cálculo fálico. Diz-se não à ideologia falocrática assentada na decapitação, na castração, na morte, no cálculo, na atribuição e na propriedade. Não às fantasias masculinas de adormecimento da mulher. Não à oposição anatômica que é da ordem da evidência e da ilusão de posse de um referente. Não que não é dito sem ironias, tais como: são os homens que gostam de brincar de boneca, é preciso que eu esteja em um túmulo para atraí-lo. Um outro teatro é proposto, e,

68 H. Cixous, *Sorties*, p. 108.

antes de encená-lo, ao lado de Jacques Derrida, Cixous irá lê-lo em *Pentesiléa*, de Kleist, e em *Antonio e Cleópatra*, de Shakespeare. Segundo H.C., os casais dessas obras podem experimentar algo que não esteja na lógica do antiamor masculino, mas sim de um amor outro, um amor não pautado pela dialética do senhor e do escravo e dos falsos dons que se sustentam na dívida, na culpa, na condenação e no sacrifício. Se Simone de Beauvoir escreveu que não se nasce mulher, torna-se, Hélène Cixous fará uma expansão decisiva ao escrever que deseja se tornar uma mulher que ela mesma possa amar.

Ao se debruçar sobre o seminário *Encore*, 1972-1973, de Jacques Lacan, Danielle Magalhães tece considerações fundamentais para se pensar a complexa relação entre uma teorização da psicanálise que Cixous recusa e os próprios deslocamentos teóricos feitos por Lacan na década de 1970, destacando o seminário em torno do gozo feminino e o seminário sobre Joyce, 1975-1976. Entro nessa via espinhosa, a partir de uma longa citação do percurso feito por Danielle Magalhães que pode ser lido como uma ressonância da "crise do verso" e da "crise do sexo"[69] (o que, de certa maneira, Cixous condensou em uma só palavra para dizer a escrita feminina: nosso *sexto*):

69 Cf.: A. Badiou. "Crise de sexo".

Para haver amor, é preciso haver a ilusão de que algo se articula, é preciso haver uma miragem de que algo se encaixa, mas porque previamente só há o desencaixe como condição possível. Todavia, em um lance, temos a ilusão de que algo não só se articula, mas se inscreve. Isso é o amor. É por isso que o amor é crer em um lance, nesse breve instante, nesse momento que Lacan chama de "tempo de suspensão" ou "ponto de suspensão" (LACAN, 2010, p. 275) de que falamos no início desse texto. Assim vemos que Lacan fala do amor pelo mesmo princípio que Agamben fala do verso: a partir do desencaixe, da desarticulação e da suspensão. Podemos ler o verso em Agamben pelo mesmo princípio teórico que Lacan fala do amor. Tanto a cesura, mais radicalmente, como o enjambement, *são um ponto de suspensão, uma quebra, um desencaixe, uma disjunção, uma desarticulação, uma paradinha, é preciso enfatizar, cujo efeito, porém, é um "não para" (modo como Fernando Santoro felizmente traduziu a palavra* Encore *[SANTORO, in CASSIN, 2005, s/p]): a ínfima interrupção de um breve instante é por onde se continua a gozar, [...].[70]*

Certamente, Cixous recusa essa leitura ilusória do amor, como também recusará ser alinhada ao lado da mística, tal como Lacan situou o gozo feminino. No entanto, é impossível separar completamente o gozo sem limites, e fora da ordem fálica, tal como pensado

---

70   D. Magalhães, "Uma teoria do verso: amor e catástrofe", p. 201.

por Lacan e o que ela escreverá como gozo feminino. Interessante pensar que no *Encore* de Lacan se escuta *en corps* e que no *En corps* de Cixous se escuta o *encore*. Também é interessante lembrar que, na década de 1970, Cixous era parceira de Lacan na leitura de Joyce. Inclusive, Lacan fará uma breve homenagem – há rosas entre esses espinhos – a *Portrait de Dora*, 1975, em que Cixous lerá, desmontará e remontará, dramaturgicamente, o caso Dora de Freud. Lacan não tratará de fato do texto de Cixous, mas da encenação que acontecia naquele ano não muito longe da rue de Lille[71]. A partir de sua leitura mais do que cifrada, já que feita a partir da relação dos atores com o texto, Lacan cunhará, por assim, dizer, a denominação "histeria rígida"[72] que, até onde entendo, situará a histeria – reinventada na peça de Cixous – não mais a partir de um pedido de sentido endereçado a um Mestre, mas de uma queda da própria visada interpretante do significante. Escutemos ainda Cixous em *O riso da Medusa*:

É você, Dora, a indomável, o corpo poético, a verdadeira "mestra" do Significante. Tua eficácia, a veremos operar

---

71 Penso na distância que Lacan talvez tenha percorrido a pé de sua casa, situada no número 5 da rue de Lille, até o Théâtre d'Orsay, onde *Portrait de Dora* foi encenado em fevereiro de 1976. O teatro foi extinto e deu lugar ao Museu d'Orsay.

72   Cf. J. Lacan. *O seminário, livro 23: o sinthoma.*

antes de amanhã, quando sua palavra não terá mais penetrado em você com a ponta virada para seu próprio seio, mas se escreverá contra o outro.

Em corpo: *muito mais do que o homem chamado aos êxitos sociais, à sublimação, as mulheres são corpo. Mais corpo, portanto, mais escrita. [...] Agora, eu-mulher vou explodir a Lei: estrondo agora possível, e inevitável: e que se faça, imediatamente, na língua.*

Passemos agora ao outro Jacques, àquele que, lendo a obra dita ficcional de Cixous, diz que nem mesmo Shakespeare, nem mesmo Joyce, são tão fundamentais para Cixous quanto o seu "tio Freud".[73] Diz Cixous que, às vezes, o filósofo da indecidibilidade e o desconstrutor das origens lhe telefonava para perguntar quem havia dito algo primeiro – ele ou ela? Escutemos esse outro teatro, as personagens – Hélène e

---

73 Há que se dizer também que a obra dita ficcional de Cixous nem sempre cumpre o destino ditado pelas afirmações teóricas. É o caso por exemplo de a autora, em sua recusa à totalidade do edifício da teoria psicanalítica, afirmar que as mulheres não sublimam. Em outro lugar, pensei a sublimação a partir de dois romances de Cixous, em *Manhattan: lettres de la pré-histoire*, a narradora situa a morte do pai ao lado da sublimação, em contrapartida, a narradora de *Le jour où je n'étais pas là* situará o bebê mongoloide (diz ela que é preciso manter a violência da nomeação) morto ao lado do não sublimado. Cf. F. Trocoli. "O pai sublimado e a criança morta não sublimada: experiência do limite em Hélène Cixous", in M. Lasch, N. Leite e F. Trocoli. *Da sublimação à invenção.*

Jacques – falam um ao lado do outro, um para o outro, escutam e reescrevem o sonho.

Em "Contos da diferença sexual", 1990, conferência que precede a de Jacques Derrida intitulada "Formiga's", Cixous toma para si a tarefa impossível de começar, isto é, erguer sua voz do vazio, e diz: Vou "tomar a palavra". E ela começa dizendo que é preciso escutar música da diferença sexual; Cixous vai escutar Ingeborg Bachmann e Clarice Lispector. Em verso, Bachmann escreverá que a verdade é evanescente e rasga um sulco na terra. Em prosa, Lispector se perguntará se ver a verdade seria diferente de inventar a verdade e escreverá que a Virginia – protagonista de *O lustre* – sempre faltará contornos, ela será fluida como o rio… A diferença sexual, ou como Cixous a chama a DS, *déesse*, a deusa (que) passa, precisará ser escutada como uma música ou fotografada como um perfume. A-que-passa é o seu nome, o que entrará em contraste dissonante com o que não passa – a circuncisão de Jacques Derrida.

A conferência de Cixous é vizinha da publicação de *Circonfession* e é essa contingência que permitirá a Cixous escrever o traço que a DS faz passar, passando entre o escrito e o não-escrito, o lado-homem e o lado-mulher:

Eis: está escrito. *Circuncidado pelo golpe de livro. Encurralado. Está talhado no próprio corpo o limite entre mim e o outro. O que faz a diferença, quer dizer, o entalhe de união, está cinzelado na própria carne deste eu, O outro morde no eu – está escrito. Ou então é o eu que (se) morde. Doravante haverá o outro legível neste corpo (mas o outro quem?).*

E nós (mulheres), acaso está escrito? O que poderei eu encontrar como equivalente? Que golpe? Nada de tão antigo, a meu ver, nenhum acto tão antigo na nossa existência, nada de tão antecedente. A diferença-mulher está localizada, alojada, muitas vezes mesmo escondida para nós mesmas, no corpo, e creio que não está escrito, *não a canivete, não a estilete, não com os dentes. É mistério carne sem tragédia. E se há rastro, se há cena, não é antes, é mais tarde, é amanhã, é "quando eu for grande", é para imaginar.*[74]

No entanto, Jacques Derrida não estará todo entre aqueles que têm medo dessa possessão-de-estar-despossuído do incalculável gozo feminino. Em "Formiga's", ele contra-assinará um fragmento de *Jours de l'an*, de Hélène Cixous, pensando nas vozes femininas que o atravessaram, passando de leitor a autor. Na tradução de Fernanda Bernardo:

O autor: Tenho necessidade de falar destas mulheres que entraram em mim, elas feriram-me, fizeram-me mal, despertaram os mortos em mim, desbravaram caminhos, trouxeram-me guerras, jardins, crianças, famílias

---

74   H. Cixous; J. Derrida, *Idiomas da diferença sexual*, p. 20.

*estrangeiras, lutos sem sepultura, e eu soboreei o mundo
nas suas línguas.*

*Em mim, elas viveram as suas vidas. Escreveram [...].
E continuam, não cessando de viver, não cessando de
morrer, não cessando de escrever [...]*

*Não posso dizer que vivamos aí onde a proximidade vira
separação. Porque nem sequer o sei.*

*Entre nós onde está a verdade? Está entre nós. Está
neste emaranhado de golpes e carícias, que eu nem sei
contemplar sem temor.*[75]

Não saberia finalizar este posfácio a não ser reiteran-
do a gratidão pela tradução, a não ser retornando ao
que escreve Cixous anos depois de *O riso da Medusa*,
em "Efeito de espinho rosa":

*Logo em seguida, foram as latinas que me chamaram e,
nos últimos dias, tenho vivido na Califórnia. É a hora da
Medusa entre as Américas. Eu não paro de galopar nos
ares da Ásia. E na França, como tem sido? – Temo que
você tenha que voltar a voar em frente à minha janela,
digo eu. Nos últimos tempos, o ar tem estado cheio de algas,
sufocamos e quase não rimos mais.*

75   Ibid, p. 79.

Das algas ao vírus, o sufocamento não cessa de aumentar, e, se no Brasil, a Medusa ainda puder lembrar que é bela, que tem muitas línguas, e que a imaginação e a escrita precisam viver para dizer não a uma língua rebaixada pelo que há de pior no falso teatro da ideologia falocêntrica, talvez possamos, quem sabe um dia, rir. E, sobretudo, ir para longe do assim seja, do amém, isto é, do pior.

Flavia Trocoli

Professora da Faculdade de Letras da UFRJ, doutora em Teoria e História Literária pela Unicamp e integrante-fundadora do Centro de Pesquisas Outrarte – a psicanálise entre a ciência e a arte (IEL/Unicamp). Autora do livro *A inútil paixão do ser: figurações do narrador moderno* e de ensaios em torno de Clarice Lispector, Virginia Woolf, Marcel Proust, Marguerite Duras, Hélène Cixous e Jacques Derrida. Co-organizadora dos livros: *Um retorno a Freud, Giros da interpretação e Teoria Literária e suas fronteiras.*

Referências bibliográficas

BADIOU, Alain. "Crise de sexo", in *O século*. Tradução: Carlos Felício da Silveira. Aparecida: Ideias & Letras, 2007.

CIXOUS, Hélène. [1975] *Le Rire de la Méduse et autres ironies*. Préface de Frédéric Regard. Paris: Galilée, 2010.

_____. *Portrait de Dora*. Paris: des femmes, 1975.

_____. *Prénoms de personne*. Paris: Seuil, 1974.

_____. "La venue à l'écriture", in *Entre l'écriture*. Paris: des femmes, 1986.

_____. *L'Heure de Clarice Lispector*. Paris: des femmes, 1989.

_____. *A hora de Clarice Lispector*. Tradução: Rachel Gutierrez. Rio de Janeiro: Editora Exodus, 1999.

CIXOUS, Hélène; DERRIDA, Jacques. *Idiomas da diferença sexual*. Tradução: Fernanda Bernardo. Coimbra: Palimage, 2018.

DERRIDA, Jacques. *H.C. pour la vie, c'est à dire...* Paris: Galilée, 2002.

FREUD, Sigmund. "A cabeça da Medusa". Tradução: Ernani Chaves, in *Clínica & Cultura* v.II, n.II, jul-dez 2013, 91-93.

GENET, Jean. "Pompes funèbres", in *Œuvres complètes, t. III*, Paris, Gallimard, 1953, p. 185-186.

LACAN, Jacques. (1973). *O Seminário, livro 20: mais ainda*. Texto estabelecido por Jacques-Alain Miller. Versão brasileira: M.D. Magno. Rio de Janeiro: Zahar, 1985.

_____. (1975). *O Seminário, livro 23: o sinthoma*. Texto estabelecido por Jacques-Alain Miller. Tradução: Sergio Laia. Rio de Janeiro: Zahar, 2007.

MAGALHÃES, Danielle. "Uma teoria do verso: amor e catástrofe". in *Alea*, Rio de Janeiro, vol. 22/3, p. 196-212, set-dez, 2020.

OLIVER, Kellly (ed.). *French Feminism Reader*. Oxford: Rowman & Littlefield Publishers, 2000.

PROUST, Marcel. *Em busca do tempo perdido: no caminho de Swann*. Paris: Gallimard, 1946, p. 249.

TROCOLI, Flavia. "O pai sublimado e a criança morta não sublimada: experiência do limite em Hélène Cixous", in LASCH, LASCH, Markus; LEITE, Nina. & TROCOLI, Flávia. *Da sublimação à invenção*. Campinas: Mercado de Letras, 2020.

SOBRE HÉLÈNE CIXOUS

Hélène Cixous nasceu em 1937 em Orã, na Argélia. Sua mãe, Ève Klein, era médica obstetra (*sage-femme*) de origem judaica. Seu pai, Georges Cixous, também médico e judeu, nasceu em Orã e faleceu de tuberculose quando a filha tinha apenas dez anos.

Tendo sido criada perto de comunidades árabes pobres na Argélia, com as quais trabalhavam seus pais, Cixous viveu a experiência da colonização francesa, da violência e da exploração da população argelina, a qual comenta em diversas entrevistas. A autora sai da Argélia em 1955 e inicia seus estudos na França, obtendo a *Agrégation* (um dos concursos mais importantes no setor da educação francesa) em Inglês em 1959 e defendendo, quase uma década depois, sua tese de doutorado sobre James Joyce.

Na década de 1960, participa de diversas iniciativas dos movimentos de mulheres no país e do movimento contestatório que tomou conta das universidades em Paris, em maio de 1968. Ao lado de Jacques Derrida, com quem nutre uma forte amizade ao longo de toda a vida, participa da criação da Universidade de Vincennes (Paris 8). Com ele também cria o Centre National des Lettres (1981-1983) e participa do Parlement International des Écrivains (1994). Na Universidade de Vincennes funda o hoje chamado Centro de Estudos Feministas e de Estudos de Gênero, pioneiro na Europa. Hélène Cixous funda igualmente a revista *Poétique*, com Tzvetan Todorov e Gérard Genette, em 1969.

Cixous começa a publicar em 1967 (*Le prénom de Dieu*) e não para: contam-se hoje quase cinquenta obras de ficção, mais de trinta ensaios e quatorze peças de teatro, pelos quais recebeu diversos prêmios, como o Prêmio Médicis em 1969 e o Prêmio Marguerite Duras em 2014. Ficou conhecida no Brasil por ter sido uma das grandes promotoras da obra de Clarice Lispector na França, na Inglaterra e nos Estados Unidos (ver, por exemplo, o ensaio *L'heure de Clarice Lispector*). A maior parte da recepção aos textos de Hélène Cixous se deu, justamente, em língua inglesa, sendo reconhecida nos países anglófonos como representante maior do chamado *French Feminism*. Na França, no entanto, sua obra foi por longo tempo marginalizada por aqueles que não aceitavam suas propostas feministas engajadas. Grande parte de seus textos foi publicada pela editora feminista *Éditions des Femmes-Antoinette Fouque*, entre 1975 e 2000.

O riso da Medusa é, provavelmente, o texto mais célebre de Hélène Cixous. Escrito em 1975, foi quase imediatamente traduzido em inglês e em dez outras línguas, tornando-se um clássico na história dos feminismos ocidentais e dos estudos de gênero. Na França, no entanto, *O riso...* só foi reeditado em 2010 pelas Éditions Galilée, junto com o ensaio *Sorties* (1975), edição a partir da qual foram feitas as traduções presentes neste livro.

BIBLIOGRAFIA DE HÉLÈNE CIXOUS

Textos ficcionais

Le Prénom de Dieu. Paris: Grasset, 1967.

Dedans. Paris: Grasset, 1969.

Les Commencements. [Grasset, 1970]. Paris: des Femmes, 1999.

Le Troisième corps. Introduction par Lucette Finas. [Grasset, 1970]. Paris: des Femmes, 1999.

Un vrai jardin. Paris: L'Herne, 1971.

Neutre. [Grasset, 1972]. Paris: des Femmes, 1998.

Tombe: roman. Paris: Seuil, 1973.

Portrait du soleil. [Les Lettres nouvelles, 1974]. Paris: des Femmes, 1999.

Révolutions pour plus d'un Faust. Paris: Seuil, 1975.

Préparatifs de noces au-delà de l'abîme. Paris: des Femmes, 1978.

Souffles [1975]. Paris: des Femmes, 1998.

Là. Paris: Gallimard, 1976.

Partie. Paris: des Femmes, 1976.

Angst [1977]. Paris: des Femmes, 1998.

Anankè. Paris: des Femmes, 1979.

Illa. Paris: des Femmes, 1980.

Limonade tout était si infini. Paris: des Femmes, 1982.

Le Livre de Promethea. Paris: Gallimard, 1983.

Manne: aux Mandelstams, aux Mandelas. Paris: des Femmes, 1988.

Jours de l'an. Paris: des Femmes, 1990.

On ne part pas, on ne revient pas. Paris: des Femmes, 1991.

L'ange au secret. Paris: des Femmes, 1991.

Déluge. Paris: des Femmes, 1992.

Beethoven à jamais ou L'existence de Dieu. Paris: des Femmes, 1993.

La fiancée juive: de la tentation. Paris: des Femmes, 1995.

Messie. Paris: des femmes, 1996.

Or: les lettres de mon père. Paris: des Femmes, 1997.

Voiles. Avec Jacques Derrida; et six dessins d'Ernest Pignon-Ernest. Paris: Galilée, 1998.

Osnabrück. Paris: des Femmes, 1999.

Le jour où je n'étais pas là. Paris: Galilée, 2000.

Les rêveries de la femme sauvage: scènes primitives. Paris: Galilée, 2000.

Benjamin à Montaigne: il ne faut pas le dire. Paris: Galilée, 2001.

Manhattan: lettres de la préhistoire. Paris: Galilée, 2002.

Rêve je te dis. Paris: Galilée, 2003.

Tours promises. Paris: Galilée, 2004.

L'amour même: dans la boîte aux lettres. Paris: Galilée, 2005.

Hyperrêve. Frontispice de Leonardo Cremonini. Paris: Galilée, 2006.

Si près. Frontispice et culispice de Pierre Alechinsky. Paris: Galilée, 2007.

Ciguë: vieilles femmes en fleurs. Frontispice de Pierre Alechinsky. Paris: Galilée, 2008.

Philippines: prédelles. Paris: Galilée, 2009.

Ève s'évade: la ruine et la vie. Paris: Galilée, 2009.

Double oubli de l'orang-outang. Paris: Galilée, 2010.

Revirements: dans l'Antarctique du coeur. Paris: Galilée, 2011.

Homère est morte. Paris: Galilée, 2014.

Gare d'Osnabrück à Jérusalem; accompagné de sept substantifs dessinés par Pierre Alechinsky. Paris: Galilée, 2016.

Correspondance avec le mur. Accompagné de cinq dessins à la pierre noire d'Adel Abdessemed. Paris: Galilée, 2017.

Ensaios

L'Exil de James Joyce ou l'Art du remplacement [1968]. Paris: Grasset, 1985.

Prénoms de personne. Paris: Seuil, 1974.

La Jeune née. En collaboration avec Catherine Clément; dessins de Mechtilt. Paris: Union générale d'éditions, 1975.

Un K incompréhensible, Pierre Goldman. Paris: Christian Bourgois, 1975.

Vivre l'orange. Paris: des Femmes, 1979.

Le rire de la Méduse et autres ironies [L'Arc, 1975]. Paris: Galilée, 2010.

La Venue à l'écriture. Hélène Cixous, Madeleine Gagnon et Annie Leclerc. Paris: Union générale d'éditions, 1977.

With ou l'Art de l'innocence. Paris: des Femmes, 1981.

Entre l'écriture. Paris: des Femmes, 1986.

L'Heure de Clarice Lispector; précédé de Vivre l'orange. Paris: des Femmes, 1989.

Karine Saporta - Peter Greenaway: roman-photo / Hélène Cixous, Daniel Dobbels, Bérénice Reynaud. Paris: Armand Colin, 1990.

Hélène Cixous, photos de racines. Avec Mireille Calle-Gruber. Paris: des Femmes, 1994.

Poétique de la différence sexuelle: pour oublier, ne pas oublier, ne pas oublier d'oublier: séminaire 1992-1993. Paris: Collège international de philosophie, 1994.

Au théâtre, au cinéma, au féminin. Avec Mireille Calle-Gruber et la participation de Assia Djebar, Ariane Mnouchkine, Daniel Mesguich. Paris; Budapest; Torino: l'Harmattan, 2001.

Portrait de Jacques Derrida en jeune saint juif. Paris: Galilée, 2001.

L'amour du loup et autres remords. Paris: Galilée, 2003.

Rencontre terrestre: Arcachon, Roosevelt Island, Paris Montsouris, Manhattan, Cuernavaca. Avec Frédéric-Yves Jeannet. Paris: Galilée, 2005.

Le tablier de Simon Hantaï: annagrammes [sic]; suivi de H. C., S. H., lettres. Paris: Galilée, 2005.

Insister: à Jacques Derrida. Accompagné de trois dessins originaux d'Ernest Pignon-Ernest. Paris: Galilée, 2006.

L'événement comme écriture: Cixous et Derrida se lisant. Textes réunis par Marta Segarra. Précédé de Ce qui a l'air de quoi, texte d'Hélène Cixous. Paris: Campagne première, 2007.

Le voisin de zéro: Sam Beckett. Paris: Galilée, 2007.

Peinetures: écrits sur l'art. Textes réunis et établis par Marta Segarra et Joana Masó. Paris: Hermann, 2010.

Entretien de la blessure sur Jean Genet. Accompagné de treize dessins originaux d'Ernest Pignon-Ernest. Paris: Galilée, 2011.

Luc Tuymans: relevé de la mort. Paris: Éd. de la Différence, 2012.

Le voyage de la racine Alechinsky. Gravure de Pierre Alechinsky. Paris: Galilée, 2012.

Abstracts et brèves chroniques du temps. I. Chapitre Los. Paris: Galilée, 2013.

Le détrônement de la mort: journal du "Chapitre Los". Paris: Galilée, 2014.

Ayaï!: le cri de la littérature. Accompagné d'Adel Abdessemed. Paris: Galilée, 2013.

Insurrection de la poussière: Adel Abdessemed. Suivi de Correspondance / A. A., H. C. Paris: Galilée, 2014.

Une autobiographie allemande. Avec Cécile Wajsbrot. Paris: Christian Bourgois éditeur, 2016.

Corollaires d'un voeu. Abstracts et brèves chroniques du temps; 2. Accompagné de cinq dessins à la pierre noire d'Adel Adbessemed. Paris: Éditions Galilée, 2015.

Teatro

La Pupille. Paris: Gallimard, 1972.

Portrait de Dora [Paris, Théâtre d'Orsay, 26 février 1976]. Paris: Des Femmes, 1976.

Réflexions: 1977. Théâtre du Miroir; avec la collaboration de Daniel Mesguich, Catherine Tosca, Hélène Cixous, Serge Mestre, etc. Paris: Théâtre du Miroir, 1977.

Le Nom d'OEdipe: Chant du corps interdit: Avignon, Cour d'honneur du Palais des papes, 26 juillet 1978. Paris: des Femmes, 1978.

L'Histoire terrible mais inachevée de Norodom Sihanouk, roi du Cambodge. Paris: Théâtre du Soleil, 1985.

Théâtre. Paris: des Femmes, 1986.

L'Indiade: ou l'Inde de leurs rêves: et quelques écrits sur le théâtre. Paris: Théâtre du Soleil, 30 septembre 1987.

Les Euménides. Eschyle: Paris: Théâtre du Soleil, 26 mai 1992. Traduction Hélène Cixous; notes Pierre Judet de la Combe. Paris: Théâtre du Soleil, 1992.

La ville parjure ou Le réveil des Érinyes: Vincennes, la Cartoucherie, 18 mai 1994. Paris: Théâtre du Soleil, 1995.

La ville parjure ou Le réveil des Érinyes Paris: Théâtre du soleil: Éd. théâtrales: Bibliothèque nationale de France, 2010.

L'histoire (qu'on ne connaîtra jamais). Paris: des Femmes, 1994.

Tambours sur la digue: sous forme de pièce ancienne pour marionnettes jouée par des acteurs. Paris: Théâtre du soleil, 2000.

Rouen, la trentième nuit de mai '31: Villeneuve-lès-Avignon, 18 juillet 2001. Paris: Galilée, 2001.

Les naufragés du « Fol espoir »: aurores. Création collective du Théâtre du Soleil; mi-écrite par Hélène Cixous; librement inspiré d'un mystérieux roman de Jules Verne. Paris: Théâtre du Soleil, 2010.

SOBRE AS TRADUTORAS

Natália Guerellus é pesquisadora e professora adjunta (*Maître de Conférences*) no Departamento de Estudos Lusófonos da Universidade Jean Moulin Lyon 3, França. Mestre e doutora em História pela Universidade Federal Fluminense (UFF), é titular igualmente de um mestrado em Línguas Românicas pela Universidade Paris Nanterre. Suas pesquisas voltam-se para as relações entre gênero, literatura e política e foram publicadas em livros e artigos científicos, em português, francês, inglês e espanhol, além de circularem em outras mídias de divulgação científica.

Raísa França Bastos é pesquisadora, professora e artista. Mestre em Literatura Comparada e Estudos Lusófonos (Université Paris Sorbonne), ela trabalha atualmente como professora substituta em Literatura Comparada na Université Paris Nanterre, onde também cursa o doutorado. Sua pesquisa acadêmica tem por foco a oralidade poética, as transferências culturais e a expressão do feminino, temas que ela explora igualmente no campo da criação artística em sua própria companhia artística, Jabuticaba.

CIP-Brasil. Catalogação na Publicação
Sindicato Nacional dos Editores de Livros, RJ

C529r

Cixous, Hélène, 1953-

O riso da medusa / Hélène Cixous; prefácio Frédéric Regard; tradução Natália Guerellus, Raísa França Bastos ; posfácio Flavia Trocoli. – 1. ed. – Rio de Janeiro: Bazar do Tempo, 2022.

Tradução de: Le rire de la Méduse
ISBN 978-65-86719-83-3

1. Ensaios franceses. I. Regard, Frédeéric. II. Guerellus, Natália. III. Bastos, Raísa França. IV. Trocoli, Flavia. V. Título.

21-75117   CDD: 844
 CDU: 82-4(44)

Meri Gleice Rodrigues de Souza – Bibliotecária – CRB-7/6439

Este livro foi editado pela Bazar do Tempo
em dezembro de 2021, na cidade de Rio de Janeiro,
e impresso em papel Pólen Bold 90 g/m² pela gráfica Margraf.
Foram usadas as tipografias Neima e Adobe Calson Pro.

2ª reimpressão, maio 2025